鼓に生きる

歌舞伎囃子方
田中佐太郎

家、家にあらず、継ぐを以《もっ》て家とす
人、人にあらず、知るを以て人とす

世阿弥　『風姿花伝』

田中佐太郎、鼓に生きた七十年

父・十一世田中傳左衛門の膝下で稽古に励む。1970年頃

15歳で迎えた初舞台のために、十一世が誂えたきもの。華やかな鉄線の柄

1971年「邦楽と舞踊の会」にて九代目田中佐太郎襲名披露。
後見は太鼓の師匠・柿本豊次

舞台下手(しもて)にある小部屋「黒御簾(くろみす)」で小鼓を打つ佐太郎。1972年

母として、指導者として

3人の息子たちの稽古風景。
右から佐太郎、長男・亀井広忠、次男・現 十三世田中傳左衛門、
三男・現 田中傳次郎。1980年頃

国立劇場養成課での指導。1983年

1982年「古典邦楽の会」での親子三代の初共演。
前列右から十一世田中傳左衛門（小鼓）、現 十三世傳左衛門（大鼓）、佐太郎（太鼓）

2008年に歌舞伎座で行われた「囃子の会」での一家共演。
右から十三世田中傳左衛門(小鼓)、佐太郎(小鼓)、亀井忠雄(大鼓)、
亀井広忠(大鼓)、田中傳次郎(太鼓)

目次

序幕

出生〜九代目佐太郎襲名

第一場

千《せん》尋《じん》の谷へ

江戸時代から続く歌舞伎囃子《はやし》の家、田中傳左衛門《でんざえもん》家。歌舞伎の鳴物出囃子《なりものでばやし》と黒御簾《くろみす》音楽を専門とする打楽器のプロ集団だ。舞台上で演奏する出囃子では、小鼓《こつづみ》、大鼓《おおつづみ》、太鼓《たいこ》を受け持ち、黒御簾での陰囃子においては、限られた人数で何種類もある鉦《かね》や太鼓をすべて担当する。

家元で人間国宝の十一世傳左衛門の三女として、田中佐太郎は昭和二十三年（一九四八）、母の里の大分で生まれた。本名は令子《れいこ》。

姉妹のなかでももっとも線が細く内気な少女は、父の手ほどきで稽古を重ね、やがて厳格な男社会である歌舞伎の世界に入ることとなる。自身は傳左衛門を名乗ることなく佐太郎の名を通し、父から預けられた技のすべてを息子の世代へと伝えるためだけに。

その波乱万丈の人生が、今、語り出される。

稽古場での父と娘

私に立った白羽《しらは》の矢

鼓をはじめたのは八歳のころです。初舞台は十五歳。「稽古はじめは数えの六歳、六月六日から」といわれる伝統の世界ですから、遅いスタートでした。

父の十一世田中傳左衛門は、歌舞伎囃子方田中流の家元ですが、祖父の十世は田中の血脈ではなく、九世の弟子のなかから選ばれて後継者となり、傳左衛門の名跡を名乗ったと聞いています。

五人兄弟で、兄と四人の姉妹。私はその三女です。もともと父は私を後継者にするつもりはなかったようですが、せっかく家の芸が鼓なのだからと、当時の女の子がお茶やお花を習うような感覚で姉と一緒に稽古をはじめました。

けれど、そんな軽い気持ちでしたから、姉たちはいつのまにか稽古から遠のいてしまい、最後に残ったのが私だったのです。ところが兄が東大に入って、将来は学問の道に進みたいということになり、状況が変わりました。そのころから父は、自分の技を継がせる対象として私に白羽の矢を立てていたのだと思います。

とはいえ、歌舞伎の舞台は女人禁制。今でもそうですが、五十年以上前となれば推して知るべしです。父もそこに身を置いているのですから、あの世界の体質はよくわかっています。私を次の傳左衛門にという考えではなく、あくまでも次の世代につなぐ役目として育てようという覚悟だったのでしょう。

田中家が携わる歌舞伎囃子は「鳴物」とも呼ばれ、小鼓や太鼓をはじめとするさまざまな打楽器の演奏を担当する。『娘道成寺《むすめどうじょうじ》』などの歌舞伎舞踊や『勧進帳《かんじんちょう》』などの能を典拠とした松羽目物《まつばめもの》を上演する際、舞台の上に並んで演奏する「出囃子」のほか、舞台の下手《しもて》側（向かって左側）に設けられた「黒御簾」という小さな部屋で、役の心情や情景をあらわす効果音の演奏も担当する。こちらは「黒御簾音楽」、「下座《げざ》音楽」とも呼ばれる。

江戸の中期から続いてきたその歌舞伎囃子の名門、田中流の未来は、当時はまだ本名の令子だった少女に託された。父親っ子だったという令子。父・十一世傳左衛門の胸中は複雑だったに違いない。

歌舞伎座には、父に連れられてよく行っていました。まだこの道に入るかどうかもわからないころから、演目も関係なく、「なんでもいいから、とにかく舞台を観ていなさい」と言われて。いつも二階の客席の一番後ろに座っていました。

あらためて思い返すと、父との思い出には、常にどこかに芸や稽古があって、純粋に、父親としての思い出というのはあまりないのです。

そんななかでひとつ、忘れもしない子どものころのエピソードがあります。茶の間で家族みんながテレビを見ていると、「もう遅いから寝なさい」と父が言って、私はまだ見ていたかったものだから、せめてもの反抗で「なにさ、ハゲ茶瓶!」と、小さく毒づきました。もちろん独り言です。ところがそれを耳にしていた母が、後日、私のいる前で「お父さま、この間、令子がこんなことを言ったんですよ」と父にご注進をした。すると父が「令子が、そんなことを?」と言って泣き出したのです。

驚いたことに、どうやらそれはうれし涙なのです。あの小さかった子が、そんな一人前のことが言えるようになったのか、そう思ったら感極まってしまったそうなのです。親ばかですよね(笑)。芸に対してはとても厳しかったけれど、そういう人間的な愛情深さをもった人でもありました。

たとえば稽古のときに、私は教えられたことを何度やってもできなくて、思わず泣きべそをかいてしまうことがありました。悔しいとか、悲しい、ではないのです。こんなに一所懸命教えてくれているのに、できない自分が情けなく、父に申し訳ない気持ちでいっぱいになってしまうのです。

そんなとき父は、稽古が終わると一緒に鼓を解いたりして——鼓はその都度、胴と皮とを調べという紐で組み上げて使い、終わるとまた解いておくのです。そうやって胴や皮を拭いてお道具の片づけをしながら、いろんな話をしてくれました。そのときの父は、さっきまでとは別人です。「今、お父さまが言ったことは大切なことだよ。書き留めておくといい。こういうときになんでも聞きなさい」といつも言っていました。

それが、祖父の稽古を受けた経験からつくりあげた父なりの稽古のやり方でした。祖父は私が小学校にあがる前になくなっているのですが、とても稽古に厳しい人で、出来が悪いとその空気を家庭にまでもち越す人だったそうです。

今、佐太郎の家族が暮らす家は、もとは佐太郎の実家があった場所で、かつての母屋《おもや》が今は稽古場になっている。ここを改築する前は、ひとつ屋根の下に家族の生活があり、稽古があった。田中家の家族にとって、そこはプライベートな場所であると同時に、弟子の役者や書生、芸にかかわる多くの人が出入りする仕事の場でもあった。

ただでさえ小っちゃな家の中で、稽古の空気をそのままもちこまれたら、たまったものじゃありません。父は自分の父親である祖父にものすごく気を遣っていたそうです。「お父さん、お茶でございます」と入れたお茶を差し出しても、その日の稽古の出来が悪ければ口もきかない。知らん顔をされる。

そういう自分自身のみじめな経験があったので、父は、意味のある苦労はさせるけれど、淋しさだけが残ってなにも得るものがなかったという苦労は娘にはさせたくない、と思っていたそうです。これも、稽古場でふたりきり、片づけをしながら聞いた話です。

その言葉どおり、稽古場から茶の間にもどれば、本当に「父」でした。でも私はいやいや稽古をやっていて、自分の出来の悪さを自覚しているだけに、そうやってやさしくされればされるほど、申し訳なさも募ってしまうのです。

鼓を解きつつ
十一世傳左衛門は
「大切なこと」を
娘に語り聞かせた

そこで母の力は大きかったと思います。母は、九州・大分の網元のような家の娘で、気丈な性格の人でした。私が茶の間にもどっても落ち込んでいると、「いつまでめそめそしているの！」とよく叱られたものです。

子どもというのは、両親がそろって叱ったり、そろってほめたりではだめなんですよね。片方が叱ったら、片方は放っておく。その両方があることが大事なのだと、後に、親になってみてわかりました。そういう意味で、父と母の存在は私にとって、とてもありがたいものでした。

「お母さま！　令子、できました！」

『獅子』という曲がある。歌舞伎舞踊の『連獅子』のキリ（終曲）で演奏される長唄の囃子で、鼓を打つ音と掛け声の組み合わせパターンである「手組」が長く複雑なため、大曲のひとつとされている。

ほとんどが厳しいことばかりだった父の稽古だが、その『獅子』の稽古は、佐太郎の記憶のなかに、晴天のごとき明るさをもって刻まれている。

小学生のときです。『獅子』の稽古をしていて、父が太鼓を打って、私が鼓を打つのですが、なかなか手組が覚えきれず、最後までいくことができないのです。間違えると「ハイ、もう一回！」。頭からやり直しです。そうして何度も何度も頭から繰り返して、へとへとになりながら、ついに最後まで打ち切ることができました。
そうしたら、それまでものすごく恐ろしい顔をしていた父が、パッと明るい表情になり、廊下を隔てた茶の間に向かって、「お母さま！　できましたよ！　令子、できました！」と大声で言ったのです。「できました、獅子。できました」と。それは、これまで見たことのないほどの「父親」の喜びの顔でした。

『獅子』の曲には、千尋の谷に子どもを突き落とし、這い上がってきた子だけを育てるという獅子の伝説が唄われている。心を鬼にして、苦難を与えることで強く生きる力をそなえてほしいと願う親心。親を慕い、歯を食いしばって駆け上がってくる子のけなげさ。曲に、佐太郎と十一世の姿が重なる。厳しくも愛情に満ちた父に導かれて、佐太郎の鼓の道ははじまったばかりだ。

第二場

稽古を日常とせよ

起きてから寝るまで、常に「稽古」の二文字をそばに置くように――。それが十一世傳左衛門の口癖だった。

今、佐太郎の手元には、何冊もの小さなノートが遺っている。父・傳左衛門が娘のために記した手書きの「附《つけ》（鼓の譜）」だ。

表紙に大きく書かれた「努力」、「頭脳」、「精神」の文字。角ばった几帳面な筆跡に、生真《きま》面目《じめ》で誠実なその人柄が偲ばれる。

十一世傳左衛門が
覚え書きとして
娘のために書いた
鼓の譜

五分でもいいから稽古を

八歳で鼓の稽古をはじめてから、父は私に「常に稽古をそばに置くように」と繰り返し言い続けました。当時の歌舞伎の世界は今ほど忙しくなかったとはいえ、父は舞台のほかに内弟子や役者さんたちの稽古をしていましたし、私には学校がありましたから、稽古の時間をつくるのはけっこう大変だったと思います。それでも毎日欠かさず、五分でもいいから稽古をしよう、という人でした。

歌舞伎の巡業公演がある五月や十月は、父が留守になるので稽古から解放されるのですが、その間は母から「父に手紙を書く」という別の課題が与えられました。自分で言うのもなんですが、子どものころの私は本当に素直な性格だったんです（笑）。

言われるがまま、ほぼ毎日のように、旅先の楽屋気付で父への手紙を書きました。家に電話はありましたが、口ベタで話すことが苦手な私にとっては、受話器の向こう側にいる見えない父に語りかけるよりも、手紙を書くほうがずっと楽だったのです。

内容は他愛もないことばかりです。「今日は学校でこんなことがありました」といった、日記のような、報告のような手紙です。父からの返事も、同じように「今お父さまはこういう舞台を勤めています」といった内容でした。ただ、どの手紙にも決まって「学校から帰ったらまず手を洗って、うがいをして、体には気をつけて。宿題をすませたら、五分でもいいから稽古をなさい」と書かれていました。

芸に生きる者にとって、日常と非日常は「ここまで」と線で区切れるものではない。舞台も稽古も待ったなしの真剣勝負だ。生きることが、まるごと芸につながっていく。

だからこそ「稽古を日常とせよ」。自らの経験で体得してきたその信念を、十一世は、心の内で後継者と定めた小学生の娘に、平易な言葉にして、繰り返し繰り返ししたためた。内気ではあるけれど親譲りのまっすぐな心をもった娘は、まるで砂漠の砂が恵みの雨を吸い込むように、父の教えを心身に受け止め、蓄えていく。

国内外の公演先から
幼い娘に送られた
十一世の手紙や葉書

小学校にあがったころから、夏休みになると毎年、西伊豆で一か月過ごすのが我が家の恒例行事でした。勉強道具と洋服は行李《こうり》に詰めて送って、あとは全部手荷物で、家族と内弟子とで鼓や太鼓、三味線をもって出かけます。当然のことながら、のんびりとした避暑とは無縁の、稽古に明け暮れる夏休みです。

朝起きてすぐに小鼓を十番。朝食を終えて、兄弟が宿題をしている間に私は父と差し向かいで太鼓を十番。お昼ごはんの前に急いで宿題をやって、昼食の後は海に向かいます。

海までは、日が照りつける砂利《じゃり》道を歩いて十五分ほど。トラックが横を通ると土煙がバーッと立ちのぼります。すると父が「喉に埃《ほこり》が入るといけないから」と、私にタオルで口を覆うようにと言っていたのをよく覚えています。

そうして海に着くと、子どもですから、浅瀬でちょっと泳いだり浜辺で砂遊びとかしたいじゃないですか。ところが、そんな暇もなく、いきなり遠泳です。沖に向かって平泳ぎで五百メートルぐらい、沼津から来る船が通るようなところまで行って、戻ってきて、「さあ、帰りましょう」。それだけ。甲羅干しもなければ、ビーチボールもない、まるでトライアスロンですよね（笑）。

へとへとになって帰ってきたら、晩ごはんの前に宿題の続きをして、ごはんがすんだら三味線の稽古。それが延々と一か月、毎日続くのです。

佐太郎が鼓を打つ姿は、凛《りん》として美しい。強く、太く、ぶれがない。『獅子』の後半の、気迫に満ちた手と掛け声の連続のなかでさえ、奥底に吸い込まれそうな静謐《せいひつ》の気配が漂ってくる。

その演奏を支えている体力と精神力、そしてもてる力を終曲まで尽きぬように配分する能力。そうした「力」を身につけるための原点が、あの夏の日の、限界に挑戦するような稽古と遠泳にあったことを、後に佐太郎は理解する。

この先、娘が身を置くことになる歌舞伎の世界では、女性であることが「欠点」となる。努力だけでは越えられない体力や声質の壁に阻まれたとき、それを補い、乗り越える術が、精神力であり集中力だ。十一世の稽古は、その信念のもとにあった。

少し成長すると、父に連れられて、坐禅や相撲部屋の朝稽古にも通いました。父は「稽古は強かれ」を地で行く人で、「集中力」とか「精神力」、「根性」といった言葉を恃《たの》みとし、大切にしていました。

相撲部屋での眼目は、受ける側とぶつかる側に分かれて行う、いわゆる「ぶつかり稽古」の見学です。払われても払われても、転んだそばから起き上がって何度でもぶつかっていく。体力が尽きてなお精神力で立ち向かっていく姿から根性を学ばせたい、というのが父の考えでした。でも私としては、見学している間ずっと正座をしていることのほうがしんどくて、よほど根性を鍛えられた気がします（笑）。

坐禅は、ご縁のあった浜松のお寺に泊まり込みでうかがっていました。雲水《うんすい》（修行僧）は、師匠から出された公案と呼ばれる問題について考えながら坐禅を組むのですが、素人《しろうと》の私たちは、一、二、三……と数を数えながら呼吸を整えることに集中して心を無に近づけていくように、と教えられます。このやり方は数息観《すそくかん》というのだそうです。正直なところ当時はあまりピンとこなくて、こうして坐っていることがなにかの役に立つのだろうかと懐疑的でした。けれど今になって思うと、舞台に出て演奏をする際に、あの坐禅の経験が生かされているのを感じます。

じっと虚空《こくう》の一点を見据えて鼓を打つ。その視線の先に佐太郎はなにを見ているのだろう。仏の道に生きる者と、芸の道に生きる者。やり方は違っても、厳しい修行を重ね、極めた先に行き着く場所は、同じなのかもしれない。

もしも過去に戻れるなら

学校からの帰り道、家の近くまで来て鼓の音が聞こえてくると、ああ、しまったという気分になったものです。父が歌舞伎の役者さんたちに稽古をつけているところで、小さな家ですから玄関が開く音で私が帰宅したのがすぐにわかってしまうのです。すると必ず、稽古場の中から「ああ、令子、帰ってきたの。じゃあ、入りなさい」と父の声がかかって、そのまま稽古場に座ることになるのです。

父と一対一で向き合って鼓を打つだけが稽古ではありません。鼓が響きわたる稽古場に身を置いて、その音を耳で聴くことも稽古です。小学生のころの私は、どこまでもついてくる「稽古」をなんとかしてさぼれないものかと、いつも考えていました。

大きくなるにつれ、同じ曲でも求められるものがどんどん高度になっていきます。あまりにも曲の附が覚えられなかったりすると、真綿で首を絞められるような苦しさに、いっそ稽古なんかやめてしまったら楽だろうなと思いました。眠れないままに夜を明かしたことも幾度もありました。

それでも、もしも好きな時代に戻れるとしたら、私は迷うことなく、父と稽古をしていたあの時代に戻りたいと思う。お稽古が好きではなく、言われたから仕方なくやっている、そんな私に、父が張《は》り扇《おうぎ》を使って拍子を取り、全身全霊で稽古してくれた。それがどれだけありがたいことだったか、今しみじみと思うのです。


本当に大切なことは、後になってからわかる。佐太郎の芸の稽古は、人としての稽古でもあった。

第三場

黒御簾うちの女性《ひと》

歌舞伎囃子田中傳左衛門家の技を次の世代へとつなぐ「懸け橋」に、という父・十一世傳左衛門の切なる思いを受け止めて、十代半ばの令子（後の佐太郎）は稽古に明け暮れる日々を送っていた。

ある春のこと。父が出演する舞台の楽屋で、現場の空気に触れることもまた修行だった。六代目中村歌右衛門を中心とする「莟会《つぼみかい》」の公演で、社中の囃子方のひとりが病で降板し、急遽、令子が小鼓の代役を勤めることになった。

そのときの歌右衛門のひとことから、その後の令子の人生は大きく動き出す——。

舞台下手の「黒御簾」で
鼓を組む佐太郎。
一九七二年

「このままお嬢さんにさせたらいかがですか?」

演奏の初舞台は昭和三十八年(一九六三)の『橋弁慶』です。祖父・十世傳左衛門の弟子の会で、十五歳のときでした。

その翌々年、渋谷にあった東横ホールで成駒屋《なりこまや》さん(六代目中村歌右衛門)の「莟会」の公演があり、私は父について毎日楽屋に通っていました。演目は『本朝廿四孝《ほんちょうにじゅうしこう》』の通し狂言でした。

ある日、父の弟子のひとりが急病になって、私が代役として小鼓を打つことになったのです。

「急病人が出まして、娘に代役をいたさせます」と父が成駒屋さんに申し上げて、先代(三代目)の市川左團次《さだんじ》さんと成駒屋さんがご出演の「道行似合《みちゆきにあい》の女夫丸《みょうとがん》」で、谺《こだま》の受けをいたしました。

『本朝廿四孝』は、上杉謙信と武田信玄の抗争を描いた義太夫狂言の名作だ。道行は、薬売りに身をやつした武田の若殿・勝頼が腰元・濡衣《ぬれぎぬ》とと

もに諏訪《すわ》に下る場面。奥深い山が連なる自然の大きさを表現するために、下手《しもて》で打った小鼓の音を受けて、上手《かみて》から웍の音を打ち返すのが令子の役目だった。

たったそれだけですが、もともと気が小さく臆病な性格でしたから、心臓がバクバクして、ものすごく緊張をしたことを覚えています。それでもなんとか無事に代役を勤めることができました。

何日かして快復した本役がもどってくると、父は成駒屋さんの楽屋に「ご迷惑をおかけしました」とご挨拶にうかがいました。すると、成駒屋さんのほうから父に「このままお嬢さんに（歌舞伎の黒御簾を）させたらいかがですか」と言ってくださったのです。

田中の家の芸を次の代に伝えるという使命を託されて稽古を続けてはきたものの、女である私は、女人禁制の歌舞伎の舞台では本来、黒御簾の中であっても演奏をすることは許されません。けれど、本当に歌舞伎囃子を極めるためには、やはり歌舞伎座の舞台の上での経験は不可欠です。

自力ではどうすることもできない壁を前にして、この先に進む手立てを考えあぐねていたであろう父に、道を開いてくださったのが、現場の最高責任者の立場にいらした成駒屋さんでした。

成駒屋さんという方は、お話ぶりもたたずまいも、とても丁寧な方でした。父に注文をなさるときも、頭ごなしに「こうやってください」ではなく、「先生、こういうふうにやったらおかしいでしょうか?」と、必ずお尋ねの形で言われるのです。囃子の家元としての父を尊重し信頼してくださり、父もその信頼に応えて成駒屋さんを立てる、そういう間柄だったと思います。

だからこそ、長唄三味線《ながうたしゃみせん》の杵屋栄二《きねやえいじ》、唄方の芳村五郎治《よしむらごろうじ》、清元は志寿太夫《しずたゆう》、竹本は雛太夫《ひなたゆう》、囃子は傳左衛門、今考えるとぞっとするようなすごいメンバーが、「成駒屋のために」という思いのもと、一所懸命に力を出し合っていた。まさに「人柄が芸を呼ぶ」という感じの方でした。

実は、「莟会」で代役を勤めた前年、六代目歌右衛門の『京鹿子《きょうがのこ》娘道成寺《むすめどうじょうじ》』公演の歌舞伎座で、令子は陰囃子で初出演をはたしている。今

歌舞伎座で
『京鹿子娘道成寺』を踊る
六代目中村歌右衛門。
一九六四年

となっては、どのようないきさつで令子の歌舞伎座初出演が果たされたのか、真相はもはや知るすべもない。しかし、おそらくは六代目歌右衛門と十一世傳左衛門との厚い信頼関係のもとで、例外的に許されたテストケースのようなものだったのではないだろうか。

最高峰の女形として不動の地位を築き、戦後の歌舞伎界に君臨した六代目中村歌右衛門。その人生は、わき目をふることなく歌舞伎一筋に捧げた生涯だった。古いものを守る一方で、自主勉強の場として昭和二十九年に発足した「莟会」の公演などでは、数々の実験的な試みも行っていた。常に、歌舞伎のために今なにが最善かを考える人だった。

その歌右衛門が十一世に差し伸べた手は、田中傳左衛門家の芸を次の世代に伝えるというだけでなく、歌舞伎の未来を誰よりも思っているからこそできた英断だったといえる。

「お嬢さんを黒御簾に」という言葉は、田中の家の状況をよくわかっていらした成駒屋さんの、父に対する思いやりであり、なによりも歌舞伎を思う深い愛情ゆえの計らいだったと思います。成駒屋さんと俳優協会会長の左團次さん、そのおふたりから奨めていただいたことで、私は、女人禁制の歌舞伎の世界にすんなりと入っていくことができたのです。

そうして歌舞伎への出演が正式に許されましたが、あくまでも舞台下手の黒御簾に限ってです。出囃子で表舞台に立つことはありません。それでも、男性の仕事場にはじめて女性が入り込むのですから、父からはこまごまと厳しい心得を授けられました。

私語は絶対に慎むこと。きものは地味な色を着ること。笑顔は無用。たとえ役がないときでも黒御簾にいて、目と耳と空気で舞台のすべてを覚えること。

父のその教えは、年頃の、十六歳の少女にとって、あまりにも窮屈だったに違いない。けれど娘は、きゅっと口元を引き締めて、地味なきものに身を包んで父に随《したが》った。

半世紀以上経た今も、佐太郎はその教えを守り通している。

「現場で覚えろ」

ところが、あれだけ容赦なく鼓の稽古を行ってきた父が、いざ芝居となると、事前の稽古は一切してくれません。開幕の三十分前に囃す「着到《ちゃくとう》」も、一幕の終わりごとに演奏する「砂切《しゃぎり》」も、なにも教わらないまま本番に臨みました。芝居に必要な演奏の基礎はすべて教えてある、あとは現場で覚えろ、というわけです。

黒御簾にはすでに何年も通っていて、父や弟子たちの仕事を見てはいたのですが、ただ見ているのと実際にやるのとではまるで勝手が違います。

当り鉦《がね》を打つのも、自分ではちゃんと打っているつもりが、あまりの緊張で手が震えて全然当たりません。舞台がクドキ（女性が心情を訴える場面）に入ると鳴物の出番はないので、私よりひとまわり上の弟子の傳兵衛に「さあ、行きますよ！」と急《せ》き立てられて楽屋に走って行き、音が出ないように太鼓の上に座布団を置いて、砂切の稽古をはじめます。モニターで舞台の様子を確認しながら、「もうすぐクドキが終わりますから」とまたしても急かされ、あわてて黒御簾にもどり、さっき習ったばかりの砂切の本番に臨む。最初のうちはそんな感じで、とにかくついていくだけで精一杯でした。
出囃子で出演している父は、帰宅するタクシーの中で、連日「砂切はどうだった？」「ちゃんとできたか？」と聞いてきます。そのあとは決まって「やってみなさい」となり、膝の上で拍子を取るのです。テレテレステスク——右が弱い、左が遅れた、間が悪い！　と、家に着くまでの間、ずっと。それが二十五日間、毎日続くのです。

なにより難しいのはタイミングだった。演奏会と違って、芝居は役者ありきの世界。同じ役、同じ場面であっても、役者ごとに好みも持ち味も異なる。その違いを体得し、ヒタと添う的確な間合いと音こそが、黒御簾の真骨頂だ。これは稽古や練習でどうなるというものではなく、ひたすら本番の経験を積むなかで身につけていくしか道はない。

これも成駒屋さんが『鐘《かね》の岬《みさき》』をなさったときのことです。鐘を打つ役をしていた父の代役で、急遽、私が打つことになりました。
成駒屋さんが舞台に釣った鐘をぐっと見たら、そこで打つ。父からそのタイミングは教えられていたのですが、緊張しているので、少し早くなってしまいました。自分でも「しまった！」と思ったけど、もう取り返しはつきません。

幕が下りたあとで、成駒屋さんの楽屋からお呼びがかかって、恐る恐るうかがうと、あの丁寧な口調で「鐘が、ちょっと早かったですね。私が見込んだところで打ってほしかった」と。「申し訳ありませんでした」と頭をさげて失礼しようとすると、また「私が見込みますから、そこで打っていただきたい」。それが三、四回、繰り返されました。

たかが一日、一度の失敗、ではないのです。演じる側にとっては二十五回のなかの一度であっても、お客さまにとってはその一度がすべてです。だからこそ一日一日の舞台をどれだけ大切にしているか、成駒屋さんは、そうして私に教えようとしてくれたのです。申し訳ないと同時に本当にありがたかった。私は、父から育てられているだけじゃないのだということを、このとき、しっかりと心に刻みました。

「魔物」をつくりあげた人

亀井忠雄
能楽師葛野流大鼓方

1941年、葛野流大鼓方・亀井俊雄(人間国宝)の次男として生まれる。7歳で初舞台。父および川崎九淵、吉見嘉樹に師事。94年、観世寿夫記念法政大学能楽賞受賞。98年、葛野流宗家預かりとなる。2002年、人間国宝に認定。

田中佐太郎という人のことは、『親子鼓』というテレビ番組を見て「こういう子がいるのか」と知ってはいました。

はじめて会ったのは、佐太郎襲名披露の公演に出演してほしいということで昔の水道橋（宝生能楽堂）の楽屋を彼女が訪ねてきたときです。第一印象は、スポーツウーマンみたいな感じかな。芸の家に生まれて稽古をしてきた子は、子どものうちからどこかに玄人《くろうと》っぽい雰囲気があったりするものだけど、彼女の場合はまったくそれがなくて。まっすぐというか、清らかというか。

襲名披露で一緒に能の『融《とおる》』を打って、それから大鼓の稽古をしたいということで、うちに通ってくるようになりました。

僕が出る舞台を彼女はいつも見に来ていて、終わると必ず楽屋口で待っていて、いわゆる歌舞伎の世界でいう「出待ち」です。金春惣右衛門《こんぱるそうえもん》（金春流太鼓方二十二世宗家）とかがニヤニヤしながら「また来てるよ」なんて言う。周囲には、こっちが来るように誘ったみたいに思われてるけど、僕は見に来てくれと言ったことは一度もないんですよ。なんてったってあちらはテレビ番組になるような有名人で、こちらは一介《いっかい》の大鼓方（笑）。でも、とにかく舞台のあるたびに来てることは確かでしたね。

夫婦喧嘩と太鼓では、絶対に敵《かな》わない相手

長男の広忠が今、四十を超えているので、結婚してかれこれもう四十数年になりますか。夫婦喧嘩といえる喧嘩はしたことがありません。したら負けるに決まってますから（笑）。ひたすらこちらは孫悟空《そんごくう》の心持ちで、お釈迦さまの掌《てのひら》の上でころころとしていよう、と。あちらの言うことは理が通っていて正論ですから絶対に敵いません。僕は、すべてに「はい」と言って、うなずくだけです（笑）。

舞台のことで言えば、僕も子どものころには大鼓以外もいろいろとやってはきたけど、太鼓は「こいつには敵わない」と思っていました。彼女は歌舞伎の囃子に加えて、能のことをひととおりきっちり稽古してきた人です。よそのことを全部やるなんて、能楽師でもほとんどいません。田中の家はいい教育をしてきたんだなと思いましたし、この人は本当に太鼓が一番好きなんだな、と感じた。好きじゃなければ、うまくなりませんから。

1977年頃、自宅で

家も仕事も、すべてが及第点

歌舞伎でも能でも、音がなかったら成り立たない舞台でしょう。パントマイムじゃないんですから。その音を正確に伝えられる人間をつくりあげるには、まず自分が正確にできなきゃだめですよね。娘をそういう人間に育てた義父もすごかったし、その期待に応えたという意味で、佐太郎という人はすごい人です。

せがれたちは小学校にあがる前から、静夫（観世流シテ方・八世観世《かんぜ》銕之亟《てつのじょう》）のところに謡《うたい》と仕舞《しまい》の稽古に通うようになって、それこそ全身全霊の稽古をしてもらいました。そこでわからないところがあると、家に帰ってから、全部、佐太郎が教えていました。そういうふたり、静夫と佐太郎がいたから、あの子たちみたいな「魔物」ができたんです。

それを育てるのが自分の役目だと、女房はいつも言っていました。家庭ではもちろんですが、芸の後継者を育て、田中の家をつなげるという使命を全《まっと》うして、実にいろんな役をこなしてきた。後継者といっても、ただ玄人をつくればいいってもんじゃないんです。一級品でもだめで、〝超〟がつかなければ意味がない。そういう点では、本当に努力をしたと思うし、すべてが僕から見て及第点だから、こっちはもう黙る他ありません。

人として生きていく基礎を教える

今はせがれたちが忙しいものだから、佐太郎が孫たちの稽古の面倒をみていて、次男の傳左衛門の子は週に三遍ぐらいうちに来てます。その子たちをせめて半人前と言えるぐらいにはしてやってほしいと思う。彼女は「七十で辞めたい」と言っていますが、それはだめでしょう、と。なんだかんだ言っても、今の状態はいろんな意味でけっこういいと僕は思っているんです。

佐太郎と孫の稽古がどんなふうなのかは見ていないのでわかりませんが、日常に関してはそれほど厳しくはないですね。お箸はこうやって持つとか、お辞儀はこういうふうに手をついてするとか、丁寧に、しっかりと教えています。

芸をやるだけが稽古じゃないんです。そういう日常の小さくてあたりまえのことを教わるのも大切な稽古です。「おはようございます」「こんにちは」「こんばんは」「ありがとうございました」という最低限の挨拶がきちんとできること。それだけでいい。

もし将来、その子が芸の道に進まなかったとしても、人としてしっかり生きていける基礎というものを教えられる人が、現代にはなかなかいなくなってしまいました。そういう意味で、田中佐太郎という人はそれができる稀有《けう》な人。全幅の信頼をおいて任せられる人です。だから、ずっと一緒にやってこられたのだと思います。

今でも毎日、養成課で指導をしたり、孫たちが来て稽古をつけたり、大変だと思います。でも結局それが、元気でいる一番の秘訣なんじゃないでしょうかね(笑)。だから「この先は、どうぞごゆっくり」と言いたいところだけど、あえてそうは言わずにおいて。人を育てることだけは、この先もずっと続けていただきたい、と願っています。

二幕目

能の稽古、結婚まで

第一場

早く下手《へた》になれ

「歌舞伎の囃子をやるには能をわかっていなければならない」。父・十一世傳左衛門のその信念に沿って、歌舞伎の世界に入ってしばらくたった佐太郎は本格的な能の稽古をはじめた。太鼓、小鼓、大鼓、さらには謡や仕舞まで、父が「この人」と決めた師のもとに通った。なかでも、その後の佐太郎の演奏に大きな影響を与えたのが、金春流太鼓方・柿本豊次《かきもととよじ》の人柄と指導だった。

襲名披露公演の申し合わせ（リハーサル）を終えて。緊張を解き、笑顔を見せる佐太郎をとらえた貴重なスナップ。右が柿本豊次、左から二人目が大鼓を勤めた亀井忠雄

「元」を知る

演奏会の出囃子で父と一緒の舞台に出るときは、父が小鼓で私が太鼓を打つことがほとんどでした。父からは太鼓も教わりましたし、人に稽古をつけるのに必要だからと、三味線の手ほどきも受けました。

昭和三十九年（一九六四）に歌舞伎の黒御簾を勤めるようになってからは、芝居の現場で、黒御簾での楽器の扱いを一から覚え、身につけるのに必死でした。

当時の私はまだ高校生です。学校の勉強と、父の稽古と、歌舞伎座の芝居の仕事、それだけでもう毎日が精一杯でしたが、何年かたつとさらにそこに能の囃子の稽古が加わりました。

父は何事につけ「元」を大切にする人で、歌舞伎囃子をやるにはルーツである能の囃子を知る必要があるという考えをもっていました。家元も「元」で、お弟子さんたちが迷ったとき立ち帰るべき存在です。迷ったとき、なにが正しいかわからなくなってしまったとき、もどっていく場所が「元」。それさえわかっていれば、いつでも軌道修正ができる。だから家元は、ぶれがないかどうか常に自らの芸を顧みる必要があるのだ、と言っていました。

能の囃子で私が最初に稽古をし、一番長く続けたのが太鼓でした。昭和四十四年の四月二日、金春流太鼓方の柿本豊次先生に入門し、それから一、二年の間につぎつぎと、さまざまな能の稽古をはじめました。なかでももっとも印象深く、心に残っているのが柿本先生のお稽古です。

柿本豊次は、二十一世宗家・金春惣右衛門に師事し、流儀の重鎮として舞台を勤める一方、数々の後進を育てた。明治二十六年（一八九三）生まれで、佐太郎の父・十一世傳左衛門よりも十四歳年上だった。

入門の日は、父に付き添われて荻窪《おぎくぼ》の柿本先生のご自宅にうかがいました。ご挨拶をすませてお話をしているなかで、父が「先生はいつも楽しそうにお舞台を勤めてらっしゃいますね」と申し上げたら、先生は穏やかな口調で「いいえ、ちっとも楽しんではおりませんよ。玄人は舞台を楽しんではいけないのです」とお返事をされたのです。その言葉に、父は強く感銘を受けたようで、それからはしきりに「見所《けんしょ》からどれだけ心地良く見えても、プロは自分の舞台を楽しんではならないのだ」と、まるで自分の言葉のように言っていました（笑）。

柿本先生からすべてを吸収したいという気持ちが、とにかく父には強かったのです。太鼓の撥《ばち》は、歌舞伎も能も大体は同じなのですが、父は自分が使っている撥をもって行って、先生の撥も見せていただきました。先生の撥のほうが少し重みがあって手持ちがいいとか言って、「この撥の重さは何匁《もんめ》くらいでしょう?」などとおたずねしていました。そうして家に帰るなり、宮本（太鼓や祭礼具の専門店「宮本卯之助商店」）に連絡をして、重さや長さを細かく指示して、少しずつ違えた撥をたくさん注文していました。後日、撥が出来上がってくると、ズラッと膝前に並べて、ひとつずつ手にとっては、これはちょっと重いとか、こっちはちょっと太いと言いながら、一所懸命磨いておりました。

柿本先生の「音」

柿本の稽古は、毎週火曜日の朝。九時からの玄人弟子の稽古の前に行われた。「八時にいらっしゃい」という師の言葉にしたがって、文字どおり嵐の日も、大雪の日も、一日も休むことなく、佐太郎は師の家に通い続けた。

稽古を終えると、その日に習ったことを忘れないうちに、必ず駅のホームで小さなメモ帳に書き留めた。そうして電車に乗って学校へと向かった。


能の囃子は、同じ曲であっても、主役を演じるシテ方の流儀によって少しずつ違いがあります。さらに小書《こがき》と呼ばれる特殊演出がいくつもある。そうしたすべてを柿本先生は、惜しむことなく全部教えてくださいました。

能と歌舞伎の違いはあるものの、基本の打ち方や手組はわかっていましたから、稽古は撥の扱いが中心です。撥扱いというのは、わかりやすく言えば音の出し方とでも言いましょうか。

太鼓の場合、音の出し方は大きく分けると二つしかありません。テーン！と響かす音か、スッと抑える音か。そこからもう一歩踏み込んで、響かせる音、抑える音のそれぞれに強弱をつけることで、音色は四つになります。でも、柿本先生の場合、撥の重みだけで打つ五つめの音があるのです。

これは、ちょっと専門的な話になってしまいますが、左右どちらの撥を強く打つかという違いもあります。片手で打つ小鼓や大鼓は、だいたい拍子に合ったところで打つのが基本で、これが「表」の手。けれど左右両手に撥をもって打つ太鼓には、拍子と拍子の間の「裏」があります。表は右で打ち、裏は左で打つ。今、ほとんどの人は「表」、つまり右撥を強く打つのですが、それだと小鼓や大鼓の音と重なってしまい、邪魔になることがある。ですから、あえて左撥を強く打つことで、互いの音を引き立て合うという技も、柿本先生はおもちでした。

また、抑える音から響かせる音に移行するときには、「こういう雰囲気でもっていったほうが流れが途切れない」といったような、音と音をつないでいくやり方についても教えてくださいました。


伝統芸能は、定められた枠のなかで行うものと思われがちだ。だが、工夫をすることで、その枠はいくらでも広げることができ、豊かな色を醸し出せるのだということを、佐太郎は柿本の稽古から学んでいった。

入門の日に、先生の前ではじめて打ったのが『羽衣《はごろも》』のキリ（一曲の最後の部分）でした。先生ご自身が「先代二十一世の金春惣右衛門先生に入門したとき、一年間、この曲の稽古しかさせてもらえなかった」とおっしゃっていた曲です。手組を覚えてただ打つだけなら、そんなにはかかりません。つまり、本当の芸というのは、そこから先にあるということです。

父はよく「早く下手になれ」と言っていましたが、それもまったく同じことだと、今はわかります。ただ手組を並べているうちは評価の対象にもならない。「下手」と評価されるようになって、はじめてスタート地点に立てるのだ、ということです。

柿本先生には、結婚をするまでの五年ほど、稽古に通わせていただきました。最後のお稽古のときに先生は、「能楽師に嫁いだら続けるのは難しいだろうから、とりあえず『高砂《たかさご》』でしめくくろうね」と言ってくださいました。

能の『高砂』は、相生《あいおい》の松によせて夫婦のむつまじさと長寿を寿ぎ、世の中の泰平を祝福するおめでたい曲です。今ではそんな光景を見ることもめっきり少なくなりましたが、「高砂やこの浦船に帆をかけて」という一節を謡うのは、かつては披露宴の定番でした。

さらに先生は「いつかお稽古を再開できる日が来たら、そのときはまた『高砂』ではじめよう」と言ってくださったのです。けれど結婚してからの私は、歌舞伎の黒御簾の仕事に加えて、国立劇場の養成の事業に携わるようになり、三人の子の出産と育児も続いて、とうとう『高砂』でもう一度はじめる日は来ないまま、先生は亡くなってしまわれました。柿本先生とのお別れは、悲しいという気持ちよりも、ただただ「ありがとうございました」という思いで胸がいっぱいになりました。

時間を少し巻き戻そう。柿本豊次の稽古をはじめた同じ年の九月、佐太郎は、観世《かんぜ》流シテ方の観世喜之《よしゆき》に入門して謡と仕舞を習い、翌年一月からは大倉流小鼓方の鵜沢寿《うざわひさし》のもとに通いはじめる。

そうして父が主催した「邦楽と舞踊の会」を正式な佐太郎襲名披露の場として、半能『融』の太鼓を打った。やがて、その作品で共演した能楽師葛野《かどの》流大鼓方・亀井忠雄に師事することになる。この出会いが、佐太郎のその後の人生に大きな意味をもつことを、そのときの佐太郎は気づいていただろうか。

第二場

初心忘るべからず

白黒のテレビ画面に、肩に鼓を構えて打つ少女の横顔が大写しになる。激しい鼓の音と掛け声を追い立てるように、父の張り扇の拍子が響き、「もっと荒く!」という声が飛ぶ。

昭和四十二年（一九六七）にNHKが制作したドキュメンタリー番組『親子鼓』の一場面。佐太郎と父・傳左衛門の稽古風景だ。

凛とけなげな少女の姿は、番組を見た人々の胸を打ち、記憶に刻まれた。後に佐太郎の夫となる亀井忠雄もまた、そのひとりだった。

運命の出会い

昭和四十六年、祖父・十世田中傳左衛門十七回忌追善のタイミングで、父は「邦楽と舞踊の会」を催しました。その数年前から、私はすでに九代目佐太郎を名乗って歌舞伎座に出勤していましたが、正式な襲名披露はまだ行っていませんでした。そこで父は、この公演を演奏家・田中佐太郎としての襲名披露の場にしようと考えたのです。

私が歌舞伎座で仕事ができるように計らってくださった成駒屋さん（六代目中村歌右衛門）の舞踊『舞妓の花宴《しらびょうしはなのえん》』と、半能『融』で、私は太鼓を勤めました。『融』では、能の太鼓の師であった柿本豊次先生が後見についてくださいました。

このとき『融』の大鼓を打ったのが、七歳年上の葛野流大鼓方の能楽師・亀井忠雄だった。会を終えてしばらくたって、佐太郎は忠雄に入門し、能の大鼓の稽古をはじめた。

ほかの能の稽古——太鼓や小鼓、謡、仕舞など、すべて父が選んだ師匠だった。けれど大鼓だけは、佐太郎が自らの意思で「この人の大鼓を習いたい」と望んでの入門だった。

歌舞伎では、打ちもの（鼓や太鼓）のリーダーは小鼓なので、大鼓は小鼓に寄り添うような打ち方や掛け声になります。それに対して能のお囃子では、大鼓が囃子の全体をひっぱっていく、オーケストラでいえばコンサートマスターのような存在です。打ち方や掛け声ももちろん違いますが、なにより気合が半端ではありません。

当時、柿本先生が出演なさる舞台をかたっぱしから追いかけていた私は、しばしば先生の隣で大鼓を打っている主人（亀井忠雄）の姿を目にし、その演奏を耳にしていました。そして、こういう打ち方をする人はうち（田中傳左衛門社中）にはいないなと感じていたのです。いつも父から「歌舞伎の元である能の、いいと感じたところはどんどん取り入れるように」と言われていたこともあって、やがて私が社中を預かることになったときに、こういう大鼓の打ち方を知っておくことは意味があることかもしれないという思いもありました。

ちょうどそんなころ、「邦楽と舞踊の会」をすることが決まり、父親同士が旧知の仲だったご縁から大鼓を主人に頼もうということになって、柿本先生がお引き合わせくださることになったのです。

約束の日に楽屋口を訪ねて挨拶をし、出演のお願いをしました。それが直接言葉を交わした最初です。実は、その二年ほど前、主人の父親（能楽師大鼓方・亀井俊雄）が亡くなったときに、仕事でうかがえない父の代わりに私が葬儀に参列したことがありました。そのとき、以前テレビで放送された『親子鼓』を見ていた主人は、「テレビに出ていたあの子だ」と気がついたと後に話してくれました。


ジャンルこそ違っても同じ〝囃子の道〟の厳しさに生きる覚悟をした者同士。言葉を交わすことはなくとも、芸に捧げた魂と魂が呼び合ったのだろう。

人生で出会うべき人には、必ず出会う。しかも、遅すぎず、早すぎることなく。出会うべき最良のタイミングで、人と人は出会うようにできている――。佐太郎と忠雄、ふたりの軌跡をたどるとき、かつて禅の老師が語っていたそんな言葉が思い浮かぶ。

『道成寺』で大鼓を打つ、若き日の亀井忠雄（左）。一九七〇年頃

主人の稽古には素人のお弟子さんも通っていて、着いた順番にひとりずつ、一対一で稽古をつけてもらうというやり方でした。私は歌舞伎座の仕事もあり、芝居や能を観ることが多かったので、だんだんと終わりに近い時間に行くようになっていました。ほかの方の稽古の様子を拝見して、最後に自分のお稽古をしてもらうというのが常でした。

稽古場は自宅ですから、そのうちに主人の母が「ちょうどごはんの時間だから、食べていったら?」と声をかけてくれて、一緒に夕食をいただいて帰ったりするようになりました。そのうちに「もう遅いから」ということで、主人が車で家まで送ってくれることになり、途中でちょっと寄り道をしてお茶を飲みながら話をしたりするようになりました。

最初のうちは舞台のこととか、稽古のこととか、もっぱら主人が話して私が聞いているという感じでした。そのうちだんだんと、主人の趣味のスキーや山登りといった話もするようになっていきました。

やがて、能楽堂の楽屋口で忠雄を待つ佐太郎の姿がしばしば目撃されるようになる。忠雄はシラッとした顔で「いつもいるんだよ」と、能楽師仲間にはまるで佐太郎が自らそうしているかのような口ぶりだったが、さて、実際はどうだったのだろう？

金春惣右衛門さん（金春流太鼓方二十二世宗家）からも、ずっと後になって「よく待ってたよね」と笑われました。主人はカッコつけてますけど、舞台が終わったら待っているようにと言っていたのは主人のほうなんですよ（笑）。そのうちに楽屋口で待つだけじゃなく、主人が地方の稽古に行くときには「羽田まで送ってよ」なんてリクエストが出るようになって。送るといっても、車を運転してじゃなく、わざわざ電車に乗って主人の家まで行って、ふたりでまた電車に乗って羽田に見送りに行く、というような感じでした。

そういうことが続くうちに、なんとなく結婚という流れになっていて。たしか私の誕生日だったと思いますが、主人が家に挨拶に来たんです。父はすんなりと「わかりました」とうなずいて、けれどそのあとに「嫁がせますので令子（佐太郎の本名）には亀井を名乗らせます。けれどこの子の半分は、田中佐太郎だということだけはご承知いただきたい」と言ったのです。

ただ愛娘を嫁に出す、のではない。傳左衛門にとって佐太郎は、歌舞伎囃子田中流の芸を未来につなぐ後継者だ。亀井の家もまた、葛野流の宗家預かりという立場にあって、ふたりの結婚は家と家の存続にかかわる大きな問題だった。父・傳左衛門の胸中にはさまざまな思いや不安があったに違いない。それを押し込めて返した簡潔な言葉の重みを、忠雄も、佐太郎自身も受け止めていた。

同じ道に生きる伴侶として

「舞台は、命がけなんだ」と忠雄は言う。実際、舞台の最中に地震が来ても火事になっても、彼は微塵《みじん》も動じることなく一曲が終わるまで全身全霊で大鼓を打ち続けるに違いない。

結婚前、先輩能楽師から泊りがけでのスキーに誘われた忠雄は「連れて

スキー場でのスナップ。
はじめてスキーを履いた佐太郎だったが、
亀井忠雄の指導はスパルタ式。
「私がスキーの板を流してしまっても、
主人は取りに行ってくれるわけでもなく
素知らぬ顔。
もう二度とやるまいと思った（笑）」

いきたい人がいるのですが」と許しを得て、佐太郎を伴って出かけた。そうして大胆かつ細心に、外堀を埋めるようにして、結婚に至る自然な流れをつくっていった。

堂々としたその舞台の陰で、ひとりコツコツと鍛錬を重ねる孤独な時間。努力や戦略とは無縁な顔をして、飄々とふるまってみせる美学。そんな夫の生き方を、佐太郎は誰よりも理解している。

ああ見えて主人は、ものすごく慎重なんです。大曲や難曲に取り組む前には、自分で謡をレコーダーに吹き込んで、散歩のときに聴きながら頭のなかにイメージをつくっています。自分自身の稽古も、家族の前では絶対にしないのですが、ひとりになるとそっとしているんですよ（笑）。

世阿弥の「初心忘るべからず」という有名な言葉があります。これは一般には初心者に向けて「今の初々しい気持ちを忘れずに努力しなさい」という意味によく使われていますが、むしろ、芸の道を重ねた世代こそが肝に銘じるべき言葉ではないでしょうか。芸の未熟さや人としてのいたらなさも含めて、この道を歩きはじめたころのつたない自分を忘れることがないように。奢りや慢心をせず、さらなる高みを目指すために、自らを戒める言葉だと思うのです。

自分を貫いた「凛《りん》とした女性」

亀井広忠

能楽師葛野流大鼓方十五世家元

1974年、亀井忠雄と九代目田中佐太郎の長男として生まれる。父および八世観世銕之亟に師事。6歳のとき『羽衣』で初舞台。2004年、ビクター伝統文化振興財団奨励賞、07年、日本伝統文化奨励賞を受賞。16年、葛野流十五世家元を継承。新作能や復曲能も多数作調。

私たち三兄弟はほぼ年子で、それぞれ一歳半ぐらいしか離れていません。一度にまとめて三人の男の子を育てるのは、それだけでも十分に大変なことだったはずです。母の世代は今とは違って、結婚しても仕事を続けるという女性はごく少数派。子どもが生まれれば仕事を辞めて子育てに専念するというのが一般的でした。そういう時代に母は、田中流の歌舞伎囃子を未来につなぐ重責を担って歌舞伎の黒御簾の仕事をし、後進の指導に力を尽くし、舞台人・田中佐太郎でもあったのです。

家のことも子育ても、人任せにしない「昭和の母」

兄弟のなかでも私は体が弱く、三歳ぐらいから小児喘息《しょうにぜんそく》で病院通いを余儀なくされていました。夜中に発作で苦しくなると、母がつきっきりで看病してくれました。中学に入って剣道をはじめてからはだいぶ良くなりましたが、幼いころは、三人のなかで一番手のかかる子どもだったと思います。

昭和四十年代、五十年代というのは、能の公演の数がとても多く、父は本番の舞台を月に三十以上勤めることもざらで、子育ては母親に任せっきりという状態です。それでも母はお手伝いさんを頼むようなことはせず、家のことはすべて自分でしていました。とくに子育てに関しては「人任せにしたくない」という思いが強く、授業参観や運動会には、どんなに忙しくても必ず来てくれました。

偉いなと思うのは、私たち子どもの前で一度も夫婦喧嘩を見せなかったこと。忍耐強い「昭和の母」です。父に対する愚痴をたまに言うことはあっても、同じことを私たち兄弟が口にするとものすごく怒られます（笑）。「あなたたちがお父さんの悪口を言ってはいけない」と。昔は、家族の食卓において父親が座る場所を「獅子の座」と言ったそうですが、父が舞台や稽古で不在のとき、我が家では「獅子の座」は必ず空けて食卓を囲んでいました。そういうところをちゃんと守ることで、父親の威厳というものを教えようとしたのでしょう。

父と母は夫婦であるけれど、それ以上にまず「同志」です。囃子方とは「こうあるべきだ」よりも、「こうあり続けたい」という志のもとに強く結ばれた二人なのだと思います。

父や私たち息子の大事な舞台がある日には、母は朝ごはんに気を配り、余計なことを言わないようにと気を遣ってくれるのがわかります。自身も舞台に立つ人間ですから、舞台人の気持ちをよくわかっているのです。息子たちに対して叱りたいこともあるでしょうが、今日は大事な舞台があるから「仕方ない、黙っておこう」と飲み込んでくれている。これは本人には相当なストレスだと思うのですが、われわれはその心遣いが本当にありがたいですね。

伝統の世界は、すぐれた指導者があってこそ

今、歌舞伎囃子で舞台に出ている人たちのほとんどは母が育てたといっても過言ではありません。それが母の最大の功績といえるでしょう。でも、もしかしたら母は心の内ではもっと舞台に出たかったのではないか——本人は絶対に口には出しませんが、私は密かにそう思うのです。自分のために出たいのではなくて、傳左衛門と傳次郎の二人に、もっと自分の舞台を見せ、現場で鼓や太鼓を打つことで彼らを導いて、なにかをつかんでほしかったのではないか。私が、同じ舞台で亀井忠雄の背中を見て、その芸に引っ張られてきたように。師匠である自分が女性ということで、そういう導き方を傳左衛門や傳次郎にしてあげられなかったことに、もどかしさを感じていたのではないだろうか。母は玉三郎さんと同世代ですから、同じ舞台に立って、傳左衛門、傳次郎を脇に従えて歌舞伎座の舞台の現場で伝えたいという

思いがあったのではないか――。なんとなくですが、どこかでそう考えてしまうのです。こんなことを言ったら、母に怒られそうですが（笑）。

技能者として亀井忠雄はすぐれていますが、指導者としては佐太郎のほうがはるかに上です。伝統芸能の世界において、当代の藤間勘十郎《ふじまかんじゅうろう》を育てた藤間勘祖《かんそ》氏にしても、今の京舞・井上流の繁栄を築いた先代の井上八千代氏にしても、すぐれた女性の指導者がいる流儀は繁栄するものです。ものを教えるのはやはり女性のほうがうまいし、リズム感というのはこと鼓に関しては男性よりも女性のほうがあると私は思います。瞬時に感覚でとらえて、それを技術的に具現化する能力にすぐれています。ですから、指導者としての母を弟たちもやすやすとは引退させられない。

母ももう七十ですから、こんなことを言っては申し訳ないけれど、これからの時間は余生であり、人生の仕舞い方というものを考える時間です。「老害になりたくない」というのは父の口癖ですが、母も同じで、いつまでも自分が出しゃばってにらみをきかすみたいなことはしたくない、と。けれど、周囲がなかなかそれを許してくれないところがあります。弟たちは「おふくろさん、死ぬまで孫の指導をよろしくお願いします」と思っているんじゃないでしょうか（笑）。

ひとことで母を表現するなら、「凛とした女性」です。姿も、立ち居振る舞いも、考え方も、すべてが凛として、周囲に流されることなく自分というものを貫いて生きてきた人です。芸の道に立つ人間として、妻として、母として、「こうあるべき」という理想をもって、そのとおりに生きている。そんな母を、私はこの先もずっと、「師」として仰ぎ続けます。

三幕目

父の教え、自ら教えてきたこと

第一場

時分《じぶん》の花

昭和四十六年（一九七一）に十世田中傳左衛門追善の会として催された「邦楽と舞踊の会」で演奏家・田中佐太郎として正式なお披露目をすませると、翌年、父・十一世傳左衛門は、佐太郎の研鑽の場として「古典邦楽の会」を立ち上げた。

年に一度のペースで開催されたこの会は、やがて佐太郎と夫・亀井忠雄が共催する「囃子の会」へと展開し、四十年以上にわたった今も折々に開催されている。

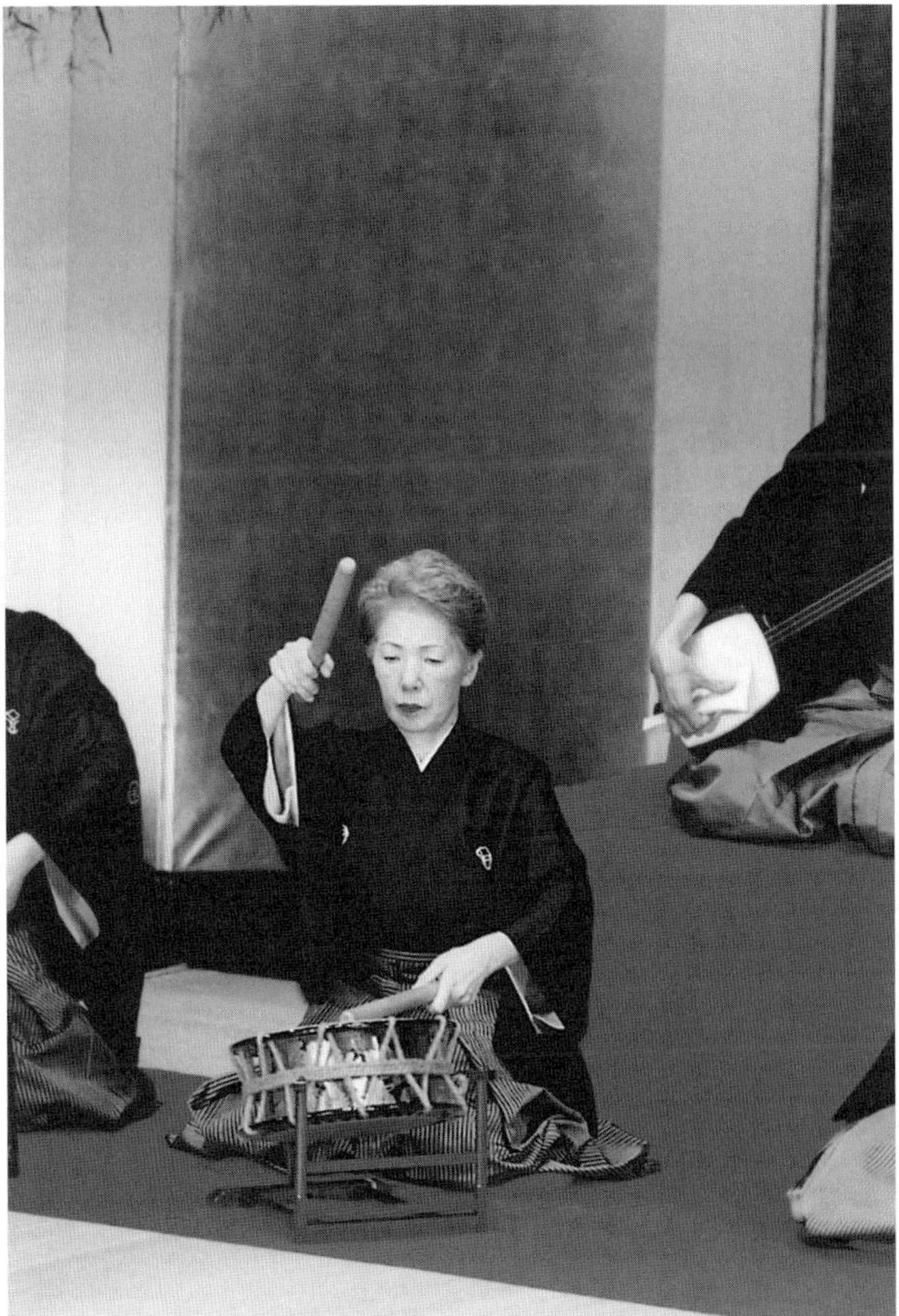

「囃子の会」で
太鼓を打つ佐太郎。
二〇〇八年

「硬くて面白くない」、それで結構

「古典邦楽の会」は、成駒屋（六代目中村歌右衛門）の立三味線をされていた杵屋栄二さんと長唄唄方の初代日吉小三八さんに父がお願いをしてはじめた会です。

すでにこのおふたりぐらいしかなさっていないような古典の曲――私たちの世界でいうところの「カラい曲」を、私に経験させるための会でした。ですから、耳慣れた一般受けしそうな曲はほとんど出ません。『娘道成寺』も、ふつうの演奏会では鐘が落ちる前まででおしまいですが、この会では全編通しで最後までやっています。演目が面白いとか面白くないとかは二の次、三の次。ただただ私に芝居の囃子を学ばせることだけに力がそそがれました。

当然、お客様も、軽い気持ちで聴きに行ってみようかなんて方は、ほとんどいません。出演してくださる先生方のお弟子さんたちが自身の勉強のために、あるいは、当時はまだ長唄のお稽古をしているお素人も結構いらしたので、そうした邦楽愛好家のなかでもほんの一握りの方々が、チケットを買ってくださるという感じでした。

そもそも、チケットが売れようが売れまいが、そんなことは父にとってどうでもいいことなのです。ここでなければ出ないような曲の数々を、舞台という本番で私に演奏させるのが目的なのですから、お客の入りがいいか悪いかも関係ありません。ずいぶんと贅沢な経験をさせてもらったのだと、振り返るたびにその重みと父の思いの強さを感じて、ありがたく思います。

第一回の「古典邦楽の会」のとき、佐太郎は二十四歳。日本の芸道において二十代は、やっと芽が出たばかりの年代だ。

能を大成した世阿弥は、芸の輝きを花にたとえた。初々《ういうい》しさとともに人の心にパッと飛び込んでくる初花《はつはな》の美しさ、それを世阿弥は「時分の花」だと言う。若さが失《う》せれば消えてしまう、はかないその花に満足し慢心したならば「まことの花」は決して咲くことはない。さらにその先の、老いてなお匂い立つような「老木の花」は、望むべくもないのだ、と。

まっすぐであること。周囲の目や声に動じることなく、客席に媚びることなく、ただただまっすぐに、教えられたとおりに。そのときの自分にとっての精一杯をやりぬく。父が望んだその道を、佐太郎は黙々と歩んでいた。

当時の批評を見ると、「硬くて面白くない」といった言葉ばかりが並んでいます。「囃子が勝っている」とも言われました。それはそれで、とてもありがたい批評ではありました。

ふつうなら、次はそう言われないように指摘されたところを直そうと努めるのでしょうが、私は「それで結構」と思っていて、直すつもりもありませんでした。自分が目指すべきは、世間一般がイメージする「女性の演奏家の芸」ではないのだから。周囲が求めるような、柔らかで女性的な美しさとか、か弱い掛け声は必要ないのです。他人にどういわれようと、これが私の生き方なのだと信じて。次の年も、また次の年も、「カラい曲」に正面から全力で取り組んでいました。

実はこの「古典邦楽の会」をはじめた時期は、佐太郎にとってプライベートでも大きな出来事が続いた時代でもある。演奏会での共演をきっかけに、能の大鼓の指導を受けていた能楽師葛野流大鼓方・亀井忠雄との結婚、三人の息子を相次いで出産。その間も、一度も休むことなく「古典邦楽の会」は続けられた。

第三回のときには、長男の広忠がおなかにいて、八か月ぐらいだったと思います。父が健在の間は、会の選曲はすべて父がしていて、このときは『安宅勧進帳《あたかかんじんちょう》』という曲を課題として与えられました。能の展開のとおりに、最初から最後まで通しで演奏する大曲です。鼓は立鼓《たてつづみ》（一座の囃子、鳴物の最高位である小鼓）に脇鼓が二人ついて三調になり、私はその立鼓です。ふつうに演奏し切るだけでも難しいのに、このときは、おなかはパンパンに張ってくるし、最後はもうなるようになれ、という境地になっていました(笑)。そのときを境に、腹をくくることを覚えたというか、それまでとはまったく別次元の度胸がついた気がします。

どんな曲も、無難に終えるのではなく、今の自分の全力を出して向き合うことだけを考える。そういう心のもちようを教えるために、父はとことん追い詰めるような曲や課題を私に与えたのだと思います。

とことん難しい曲をやる一方で、ときとして父は、『鶴亀』のように初心者が稽古するような曲をあえてプログラムに入れることもありました。玄人の演奏会ではあまり演奏されないそうした「易しい」曲だからこそ、十年、二十年と稽古を積んできた奏者が演奏すると、初心とはまた違った味わいになるのだと、身をもってわからせようとしたのでしょう。

父の曲選びは、私ひとりのためというだけでなく、一門の先々を考えてのことでもあったと思います。めったに出ない曲を中心に出すことで、一門の皆がテープに録ったり、附《つけ》を整理したりして、それぞれが学び、次の世代に伝える確かな資料をつくることにもなりました。


やがて、次男の孝之（後の十三世田中傳左衛門）が生まれた。孝之は、小学校に上がった昭和五十七年、十一世傳左衛門、佐太郎、孝之の親子三代で『末広がり』を打ち、「古典邦楽の会」のメンバーに加わった。

二歳年長の長男・広忠は、すでに父方の亀井の名を継ぎ大鼓の修行に入っていたが、佐太郎について太鼓の稽古も続けていた。初孫と同じ舞台に立ちたいという十一世傳左衛門のたっての願いから、次の年には、傳左衛門の鼓、孝之の大鼓、広忠の太鼓で『西王母《せいおうぼ》』を演奏している。

そうして「古典邦楽の会」が二十回を迎えた翌年の平成四年（一九九二）、佐太郎が夫・忠雄とともに主催する「囃子の会」が開催された。以降、数年に一度「古典邦楽の会」に替えて催すようになった「囃子の会」には、息子たちもゲストとして折々に参加している。

見られていないところこそ大切に

父が演奏会にこだわったのは、もうひとつ理由があって、観客の視線を意識させるためでもありました。

私は、芝居では出囃子を打つことはありませんから、もっぱら人の視線のない黒御簾で演奏しています。見られているという意識がないと、ついつい気持ちが緩むのが人間です。鼓を構える肘《ひじ》が下がったり、カタカタと音を立てて太鼓の撥《ばち》を取り上げたり、誰も見ていないからいいだろうと油断して、自分に甘くなります。けれど、音は正直です。そういう甘えは、見えなくてもちゃんと音に出る。撥を置くときは余計な音をさせない、肘はしっかりと張って打つ、見られてなくても自分を崩すな——父からうるさく言われました。

鼓を打っているときだけ気をつければいいのではありません。打っていない間も

「演奏」の一部です。能でもそうですが、太鼓はほとんど一曲の終わり近くになってから打ちはじめます。父が小鼓を打って一曲をずっとひっぱってきて、後半、私の太鼓が加わるというパターンがほとんどで、それまではただ座っているだけです。そのときに大事なのが、「目線」と「手」です。

意気込んで、さあ、いよいよ打つぞ、と客席に感じさせてしまっては興ざめです。生半可《なまはんか》な自己主張など、見苦しいばかりでまったく必要ではないのです。そこまでの演奏の空気をできるだけ壊さずに、さりげなく自然に入っていくこと。それまで伏せていた目線をほんの少しだけ上げて、呼吸を計り、音を立てずにスーッと撥を取り上げる。抑制されたその動きの効果を最大限に高めるためにも、そこまではじっと、無駄な動きは一切しないことが肝心です。

演奏前の手の扱いも、うち（田中流）では能に学んでいます。能の囃子方は、演奏がはじまる前は手を袴の中に入れて腿《もも》の上に置いておき、自分の出番が近づくと、さっと手を出して楽器を取り上げます。袴に手を入れるのは、むやみに手を上げたり出したりしない、という意思表示。これは江戸時代、能が幕府の公式芸能だった時代の武家の作法に倣《なら》ったと聞いています。

見られていないところこそ大切に。その心掛けが、舞台の凜とした佐太郎の姿を支えている。なにが本当に美しいのか――佐太郎は、教えられて覚えるのではなく、父が与えてくれた舞台の上で自ら学び、その答えを見つけ出していった。

第二場

教えることで教えられたこと

芸は、自身が師に学び稽古を重ねるものだが、ある時期を越えたところからは自らが人に教えることもまた大切になる。教えることで自身も教えられ、一段上の境地が開けるのだと
いう。

「あなたは跡取りを育てていく立場なのだから」と、舞踊家の世家眞《せやま》ますみは、佐太郎に人への稽古を勧め、場を調《ととの》えてくれた。

そうして高校生だった佐太郎は、鼓の師として弟子をとり、人に教えることをはじめる。

国立劇場養成課での
若き日の稽古風景。
「この子たちに今必要なことはなにか」を
半世紀にわたって
自らに問い続けている

稽古のための稽古

なにごとにも「機」というものがある。どんなに望んでも機が熟していなければ無理に押し通したところで良い結果は得られない。逆に、早すぎると思えても、条件がそろって流れがついたなら、それは一歩を踏み出すべき時期なのだろう。

世家眞ますみが佐太郎のために声をかけて集めた〝弟子〟は、世家眞の姪の藤間高子《こうこ》（現・勘祖）や中村東蔵《とうぞう》、先代の市川高麗蔵《こまぞう》など、次代を担う気鋭の舞踊家や歌舞伎役者たちだった。

それまでも、父が三味線を弾いて私が張り扇を使って人に教えるということはしていました。けれどお相手はあくまでも父のお弟子さんであって、私の弟子ではありません。

本当のところ、当時の私には、人にお教えするような技量はまったく身についていませんでした。ちょっと難しい曲になると、自分で長唄を唄いながら張り扇を使うことができなかったので、最初のころはテープを使って稽古するといった状態でした。けれど、テープのリズムと教えるリズムが少しでもずれてしまうと、とたんに追いつかなくなってしまう。これじゃあだめだ、早く自分で唄いながらできるようにならなければ、と切実に思いました。せっかくチャンスをいただいたのに、いつまでもこれでいいわけがない。

そこで、三味線方をしていた叔父に頼んで、三味線の弾き唄いを録音してもらい、人に稽古をつける前に、まず自分自身の稽古をすることをはじめました。テープをかけながら唄本《うたほん》を開いて、何度も何度も、繰り返し一緒にやって。稽古のための稽古を必死でやり続け、唄いながら張り扇を使って思うように稽古がつけられるようになったのは、二十歳過ぎだったでしょうか。

世家眞先生もおっしゃったとおり、田中流の囃子を次の世代に伝える役目を担ってこの世界に入った私にとって、人の稽古をするための技量を磨くことは、自分自身の芸の技量を磨くのと同じ、あるいはそれ以上に大切なこと。それはわかっていても、弟子をもたずに、自主的に「稽古のための稽古」をするというのは、なかなかできないものです。人は必要に迫られたり、追い込まれたりすることで、いやでも真剣になります。ですから世家眞先生があぁいうチャンスをくださったことは、本当にありがたいことだったと感謝しています。

お稽古場は、最初は浜町《はまちょう》の藤間宗家の稽古場を使わせてもらっていたのですが、建替えの必要があって、藤間の稽古は、当時新橋演舞場の横にあった日本俳優協会の稽古場で行うようになりました。その向かいに宮本亜門さんの実家の喫茶店が今でもありますが、私の稽古場はそのビルの三階をお借りすることになりました。

むこうの稽古場からこちらの窓が見えるので、世家眞先生の発案で、稽古が終わったら「今、空いてます」の合図のボードを窓に掲げる、というルールが生まれました。俳優協会の稽古場から見てそのボードが出ていれば、あちらの稽古場を抜け出してこちらに来るという具合です。今なら携帯電話で連絡を取るところなんでしょうが、のどかないい時代でした。

国立劇場養成課へ

芸の道に生きる同世代との稽古のやりとりは、常に父の手元に置かれていた佐太郎に、新たな世界をもたらした。

やがて佐太郎が人を教えるということに慣れてきたころ、東京・三宅坂《みやけざか》に国立劇場が開場した。

一九六六年の開場に数年遅れて歌舞伎俳優や鳴物の人材を育てる養成事業がスタートすると、佐太郎は父・十一世田中傳左衛門について養成課の講師の仕事を手伝いはじめる。当初は、父の三味線の横で張り扇を使っていたが、やがて父が体調をくずしてからは父の役目を引き継ぎ、中心的な指導者となっていく。以来、半世紀近くたった現在も、養成課の研修生たちの稽古を続けている。


人に教えるには、自分が教わる三倍くらいの力が必要だといわれています。けれど、もし「教えるのと教わるのと、どちらが難しいか」と聞かれたら、明らかに自分は教わるほうがより難しいと感じるタイプです。

私は、教わるときは感情的になってしまうところがあって、とくに若いころ主人（能楽師大鼓方・亀井忠雄）の稽古を受けていたときには、ちょっと間違えるとシラッとした顔で「お、どうした？」みたいな反応をされるのが本当に悔しくて（笑）。絶対にくじけたくない、負けたくない、という気持ちで、ついついムキになってしまうところがありました。
それに対して、人に教えるときは冷静でいることができます。相手ができなくても同じところを何回もやってあげられるし、まだここができていないなと客観的に判断して、どうしたらいいのかを考える余裕があります。

教育者にとって、「冷静さ」と「忍耐強さ」は、なくてはならない資質だ。さらに佐太郎の強みは、歌舞伎囃子に必要な鼓や太鼓の稽古に加えて、能のさまざまな稽古もしてきたところにある。能の視点をもって歌舞伎を眺めたとき、佐太郎の眼には二つの世界の違いが鮮明に映ったに違いない。比べることによって、歌舞伎の良さも、弱さも、よりはっきりと見ることができた。

多くの先生から指導をいただけたことは、今、私が若い人たちの稽古をするときに生かされています。

能の稽古を通して学んだのは、全力を尽くすということ。歌舞伎では立鼓の存在が囃子全体をひっぱっていくので、あとの人たちはそこに寄りかかっていれば成り立ってしまうようなところがあります。

一方、能では大鼓がコンサートマスター的な役割を担いますが、大鼓、小鼓、太鼓、笛のそれぞれが精一杯の力を出し切ることが求められます。ほどほどでは許されません。どの舞台でも百パーセントの力を出しながら、ゆったりと美しい鬘物《かずらもの》（女性を主人公とした幽玄な能）であったり、修羅物《しゅらもの》（源平の闘いをテーマとした能）や切能《きりのう》（鬼神が主役の豪快な能）であったりと、見事に「色違い」ができるのが能のすごいところです。

その違いは、日本の花の在りようにも重なる。さまざまの枝や草を受け入れながら、確たる枝ぶりの松のひと枝が厳然と世界の中心をなす「立花」が歌舞伎だとすると、能は、器の中で枝と草のすべてがそれぞれに真として存在しながらひとつの世界を成す「茶の湯の花」のようなものだ。

当代の傳左衛門や傳次郎（佐太郎の次男と三男）のように、今、現場にいる人たちは、即戦力が必要ですから、人にも自分と同じレベルを求めます。その気持ちはわからないではないけれど、はじめから完璧であるはずはないし、完璧である必要もないと私は思います。

最初はポツポツでもいい。ウォーミングアップみたいなところからはじまって、緩やかにスピードをアップし、あるところからグンと加速度がつく。私の経験からいって、これは半年が目安です。ここで加速度がつけば、次の段階に行くことができます。

一度ではなかなかできない子がいる一方で、なかにはものすごくつかみが良くて、一度でできてしまう子もいます。どちらがいいかは、この時点ではまだなんとも言えません。一度でできた子も、それはたまたまかもしれないし、自分はできるという奢りから気が緩み、稽古をおろそかにすることがあるかもしれません。

また、はじめからそつがなくまとまりがいい芸は、あとで伸び悩むこともままあります。むしろ若いうちは多少粗削りであっても、おしこめられた型からはみ出すほどのエネルギーで、全力でぶつかっていくぐらいでいい。最初からほどほどのものは、なかなかそれ以上にはなりにくいものです。
ひとつ確実に言えるのは、できてもできなくてもコツコツと常に全力で日々の稽古に向き合っていなければ、いよいよここからが伸び盛りという時期に入ったときに、速度がついてこないということです。

教わること、教えること。そこから学んだ大切なことを、佐太郎は今、次の世代へ惜しみなく伝えようとしている。

第三場

稽古の心得

父・十一世田中傳左衛門から受け継いだ数々の道具。そのほとんどは、すでに佐太郎から当代の傳左衛門と傳次郎に譲り渡されている。

そんななか、佐太郎がわずかに手元に残したもののひとつに「天人《てんにん》の胴」がある。

父が祖父から受け継いだこの鼓の胴で、子ども時代の佐太郎は稽古を重ねてきた。幼かった息子たちも、そして今、孫たちも、同じこの胴を使い佐太郎の稽古を受けている。

鼓の胴の多くは桜材。
表面には蒔絵が施されている。
佐太郎所持の
この「天人の胴」は、
おそらく江戸時代の作で、
ややほっそりと優雅な趣がある

初心であればこそ、いい道具を

まず「型から入る」。それが父の稽古でした。鼓と自分の顔の位置、その高さや角度が、どうあると一番美しいかを常に意識すること。鼓を構える左の肘はこの角度で張る、打つほうの手はまっすぐ、肘から先を膝頭の横まで下げて——。こうあるべき、という理想の型があって、無理をしてでもそこから入っていかせようとするのです。

けれど、最初のうちは慣れないことですから、鼓をもって構えるだけでも緊張して、ギクシャクとぎこちなくなります。それでも無理して言われたとおりに打とうとしたら、骨が当たって、ものすごく痛かった記憶が鮮明に残っています。

以前にもお話ししたとおり、父は稽古の出来が悪いと稽古を終えてからも祖父に冷たくされてつらかった自身の経験から、私に対して、つらい記憶だけが残る稽古はしないと決めていました。同じように私も、自分がつらいと感じたことを息子たちの稽古ではしたくないという思いがあったので、父の「型から入る」稽古とはおのずと違うやり方になっていきました。

子どもや初心者に教える場合、最初は鼓を構えて肩に載せて、多少首が曲がっていようが、肘の構えが下がっていようが、よしとします。打つときも、私が右手をとって、鼓に近いところにもっていき、軽く動かして打たせます。「手首を柔らかくして、指には力を入れないで」ポン。「そうそう、ちゃんと音が出たね。じゃあ次は、もうちょっと打つ距離をつけてみようか、はい」ポン！　そんな感じです。

手がきちんと芯に当たる。そうすればいい音が出るのだという実感。その小さな成功の記憶を積み重ねることが、次につながる。型はあとから直すことができても、音の良し悪しを瞬時にとらえる耳を養うには、最初が肝心と佐太郎は言う。

美しい音は美しい型に宿ると信じた父。音の良し悪しを聞き取る耳さえあれば、型はあとからでもついてくるという佐太郎。どちらにも理があり、どちらも一面の真実を語っている。そんな父と娘は「子どもだからこそ、初心であればこそ、道具はいいものを使うべきだ」という点で意見が一致していた。

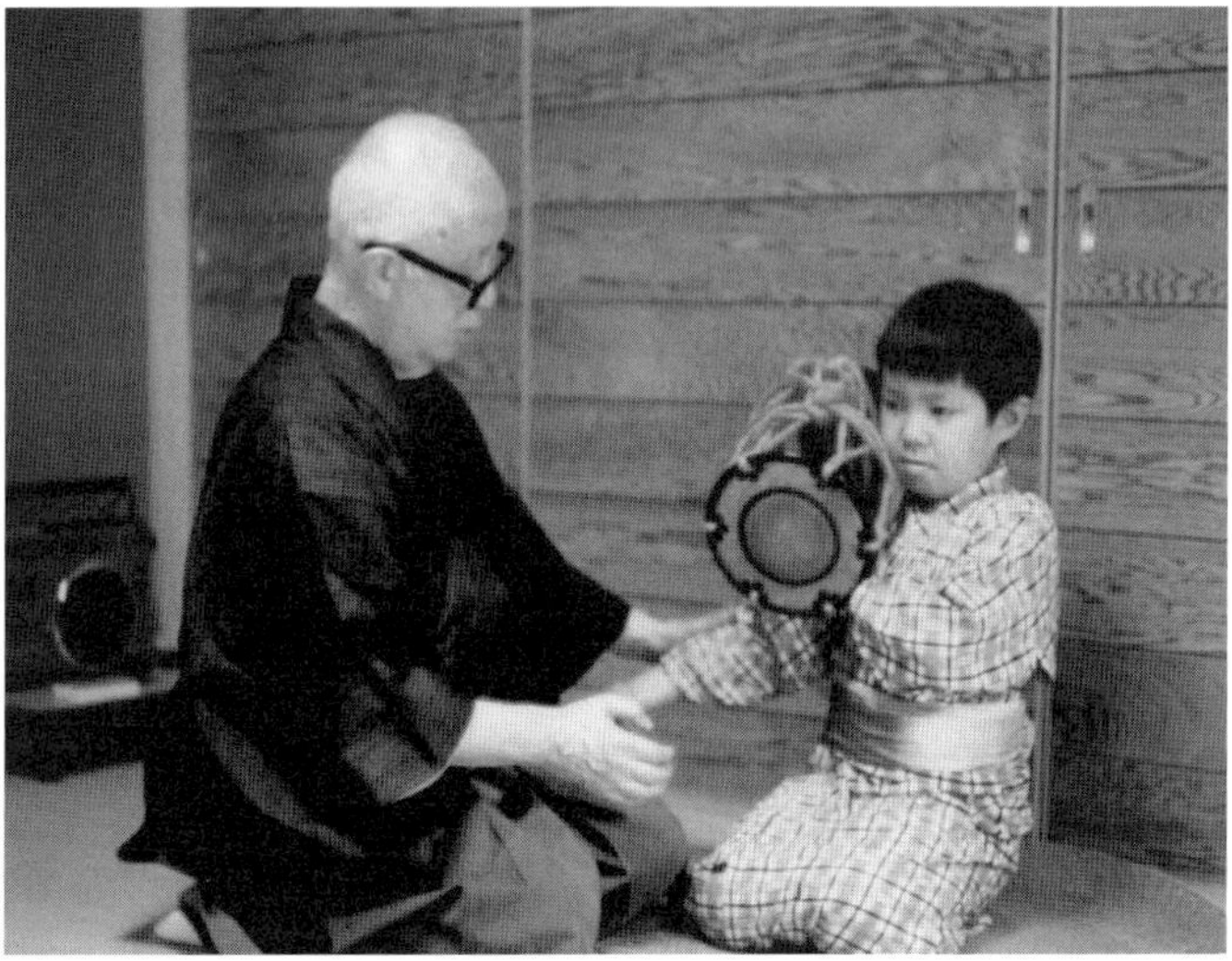

「型」に重きを置いた
十一世傳左衛門の稽古。
右は現 十三世傳左衛門

鼓は、同じ革を組み上げても胴が違うと音の質がまるで変わります。「天人の胴」は、父が祖父から譲り受けたもので、とてもいい胴です。やや細いつくりで少し軽めなので、初心者や子どもでも扱いやすいのです。私自身、子どものころの稽古で一番よく使っていましたし、三人の息子たちも、さらに十三歳から六歳まで五人いる孫たちのなかにも、この胴を使って稽古をしている子がいます。

形や扱いやすさだけでなく、なによりいいところは、クセがなく、素直な音が出ること。素直というのは、物であれ人であれ、とても大切なことで、とくに人がなにかを学び、身につけようとするときには、もっとも必要な心掛けだと思います。

礼儀の第一は挨拶

国立劇場の養成事業の開始とともに、佐太郎が歌舞伎の研修生の指導をはじめて半世紀近い時間が過ぎた。二年間の研修期間で、実践で役立つ技術をどれだけ身につけさせることができるか。同時に、やがて芝居の世界に身を置く彼らにとって必要な礼儀や作法、気配りも指導する。

かつてなら家庭や学校で教えられ、身についているはずの常識や「あたりまえ」は、現代ではもはや通用しない。芸の稽古以前に教えるべきことが、年を追うごとに増えていく。


口うるさいと思われるのを承知で、細かなことまであれこれと注意します。たとえば稽古の時間になって、講師室に私を迎えに来る。たったそれだけの間にも、「ちょっと待ちなさい」と、いくつもチェックが入ります。トイレじゃないんだから、ノックは二回じゃないでしょう！　ドアを開けたまま顔だけ覗き込んで声をかけない！　框《かまち》は踏まない！　部屋に入ったらドアは閉める！　お辞儀はアゴじゃなく、腰から折る！　言い出したらきりがありません（笑）。

小さなことに思えるかもしれないけれど、ふとした瞬間の身のこなしに、その人の品性が出てしまう。だからこそ、おろそかにしてはだめなんだよ、と。

ただし、それは私のやり方であって、なかには注意しない先生もおられるでしょうし、違うことを教える先生もいるかもしれない。では、そういうときにどうするか。「でも○○先生にはこう言われました」ではなく、黙ってその先生のやり方に随いなさい、と教えています。挨拶の仕方、お茶の出し方、できるだけ早くそれぞれの先生のクセを覚えて、「使い分ける」のではなく、求められていることに「応える」という気持ちが大切です。

教える側も人間ですから。教えたことを素直に受け止めて、夢中になってついてくる子はかわいい。可能な限りたくさんのことを教えてあげたいという気持ちになるのが人情でしょう。

最古の芸論書『風姿花伝』に、能とは「人の心を豊かにし、感動を与え、幸福をもたらすもの」と世阿弥が記したように、あらゆる芸能は人と人との関係性の上においてはじめて意味をもつ。演じる者同士が互いを敬い、自らの芸を信じ、観客を思いやるとき、そこで重んじられるべきものはなにか――。

礼儀です。そして、その礼儀が現れる一番はなにかといえば、やはり挨拶でしょう。養成の授業でも、家の稽古場でも、私が一番最初に教え、徹底するのが挨拶です。挨拶ができないのは論外ですが、逆に、やたらと何度もペコペコと無駄に頭を下げるのも見苦しいものです。何事も、適正を知ることが大事です。

稽古場に入ったら、まず私の顔を見て黙って「参りました」の意味でお辞儀をする。次にきちんと座ってから「おはようございます」なり「よろしくお願いします」なり、声に出して挨拶をする。そうしていざ稽古がはじまるというときには、黙ってもう一度、お辞儀をしてください、と教えます。最後に黙ってお辞儀をするのは、私にではなく、これから自分が相対する芸に対して礼儀を尽くすためです。

実は、十代のころの私は、父が役者さんに深々とお辞儀をする姿が、なにか卑屈なように思えてとても抵抗がありました。ですから自分がお辞儀をするときも、ぞんざいにするようなところがあったのかもしれません。そんな私のお辞儀の仕方を見て、あるとき、父は満座のなかで「もっと深く！」と私の頭を押さえつけ、叱りました。

どうしてこんなに卑屈な思いをしなくてはならないのか、そのときの私は納得がいきませんでした。けれど今は、自分の考えがどれほど浅はかだったかがよくわかります。

「よろしくお願いいたします」と頭を垂れる。それは目の前の人が体得し、これから自分自身が向き合おうとする「芸」そのものに対しての礼なのです。自分が仕える芸というものは、軽く頭を下げればすむ程度のものなのか、そうじゃないだろう。父は身をもってそれを伝えようとしたのです。

ですから今、私は、この道を選んで歩み出そうとする子たちに「自分が向き合っている芸を誇りに思い、敬う気持ちがあれば、お辞儀の仕方もおのずと違ってくるはず」だと、父の受け売りを、飽きもせず説きます。新しい子が入ってくるたび、毎年、何度でも繰り返すのです。

当時の佐太郎と同じような年齢の若者の心に、佐太郎の思いは、どれだけの実感をもって届くだろうか。

やがていつか、自らも後進を導く立場になったころ、若さゆえの根拠のない自信や奢りと引き換えに、心からその言葉の重みを理解する日がやってくるのだろう。

天下一品の教育者

田中傳左衛門
歌舞伎囃子田中流十三世家元

1976年、亀井忠雄と九代目田中佐太郎の次男として生まれる。5歳で初舞台。90年、歌舞伎座初出演。七代目田中源助の名跡を経て、2004年、十三世田中傳左衛門を襲名。第5期歌舞伎座開場では一番太鼓、『翁』の小鼓頭取などを勤めた。

どの世界もそうですが、ことに私たちが生きている伝統芸能の世界では、「人」がなによりも大事です。戦前の政治家・後藤新平は「金を遺《のこ》すのは下、業《ぎょう》を遺すのは中、人を遺すのは上」という意味の言葉をよく口にしたそうで、つまり「人材を育てて後世に遺すことは、財を築くよりも事業を成し遂げるよりも尊い」ということです。田中佐太郎は、私にとって母であり、師匠であって、その線引きはなかなか難しく複雑なのですが、「人を育てる」ということにかけて間違いなく天下一品。息子の欲目なしに、そう思います。

少女時代の母を追いかけたドキュメンタリー番組（『親子鼓』）の影響もあって、母は「女人禁制の世界に風穴をあけた先駆者」のように言われることが多いですし、たしかに先駆的存在であることは事実です。黒御簾の音楽を教える人間になるためには、まず本人が黒御簾というものを体験する必要がありました。けれど自らそれを望んだわけではないし、たまたまそういう立場に置かれたことで本来であればしなくてもいい苦労が随分とあったに違いない。現代ならまだしも、昭和のまっただなかですから、いくら当時の歌舞伎界の最高峰におられた中村歌右衛門丈が認めたことではあっても、女性が歌舞伎の仕事をすることへの風当たりはどれほどだったか、想像するに余りあります。

その苦労について母は多くを語りません。それだけつらかったのではないでしょうか。ですから、そういう思いをするのは自分一代きりでいいと思っているようで、孫に対しても、男の子の稽古と女の子の稽古は明らかに違います。女の子の稽古は「ある程度まで」でいいと思っているところがあります。

日常のなかにあった稽古のありがたさ

学校から帰ってきて、稽古をして、ごはんを食べて、宿題をして寝る――そういう普通の子どもの日常に稽古を組み込んでくれたことには本当に感謝しています。母自身、ここからは芸でここからは日常という意識はなかったでしょうし、私にもそれはありませんでした。逆に言えば、生活のすべてが修行の場だったともいえる。ただ、稽古で怒られても、そのあとのごはんのときには持ち越さないやさしさを母はもっていて、それは、母自身が祖父（十一世傳左衛門）からそうしてもらって気持ちが救われたという経験から学んだことでした。そういう部分を大切にできる人だからこそ、どんなに厳しい稽古でも信じてついていくことができたのです。

師匠が母でなく父だったら、今の自分はない

自分自身、人の親になってわかってきたことがいろいろとあります。小さい子どもというのは、ご褒美を買ってもらえるとうれしいですよね。その与え方が母は非常にうまかった。物で釣るという意味ではなく、稽古なり舞台の成果の対価として相応のご褒美を与える。しかもタイミングの計り方が、母は実に絶妙なのです。これは教えられてできるというものではなく、勘なのでしょう。

おかしな言い方ですが、母親が男だったら——つまり、田中流の家元が男親であったなら、今の私はいません。父親と同じ歌舞伎の舞台に立ってその背中から学ぶことができたなら、私はその存在に頼りきって、自分に甘い人間になっていたと思います。この世界には現場で覚えるしかないことがいっぱいあります。けれど女性である母は歌舞伎の表舞台に立つことができなかったので、私は「お手本のない舞台」で、母の教えと稽古で身につけた技を信じて本番に立ち向かうしかなかった。その経験が、私にとっての第二の師匠です。

それでも、まだわからないことがたくさんありますし、とくに教育という面では

多いです。せがれの稽古も今は母に丸投げなので、これから時間をかけて「伝える」ということを吸収していかなくてはと思っています。

親が直接子どもを教えるとうまくいかない、というのはこの世界の通説です。母が例外的なのであって、実際、そのとおりだと思います。私の場合、思いが強すぎて、ガーッとのめりこんでしまうのが目に見えています(笑)。そういう意味でも、今は子どもたちを母に預けていられるので、非常にありがたいですね。

唯一無二、不世出の人

長生きしてほしいという気持ちは、もちろんあります。でもそれは、母親に対してというよりも、師匠としての部分が大きい。母が元気でいてくれれば、それだけ自分が舞台に専念できるというのも本音ではありますが(笑)、なにより教育者として長生きしてもらいたいのです。母が培ってきた圧倒的な知識と経験と技術に、より多くのプロを目指す人間が触れられるように、教育者としての田中佐太郎を全うしてほしいと心から願っています。

国立劇場の養成事業がはじまったとき母は二十歳ぐらいで、祖父を手伝って研修生の指導にたずさわりました。そのころから現在にいたるまで何十年と使われている教則本やテキスト、カリキュラムの作成を手掛けたのも母です。以来、何百人という人間が母の教えを受け、巣立っています。

私共の田中流はほとんど一般に門戸を開放せず、歌舞伎座を主な舞台として演奏する玄人のみのプロ集団という特殊な流派です。母の稽古は茶道にたとえると、何の経験もない人に割り稽古から仕込み、家元の献茶や茶事の水屋に関わることのできる職分に仕立てるようなもので、私にはあんな根気強い稽古は不可能です。私や兄弟にはもちろん、弟子たちにとっても田中佐太郎は「母」であり、どんなに厳しくてもみなに慕われる理由はそこにあるのだと思います。

田中佐太郎のような人は、この先、二度と出ないでしょう。唯一無二、不世出の人です。母に学べたことをありがたく思うその一方で、母のような苦労をする人は出てほしくないし、出してはならないとも思うのです。

大誥

次代への継承

第一場

継ぐを以《もっ》て家とす

歌舞伎の黒御簾での仕事に加え、国立劇場の養成課で後進を指導し、自身の会を主催する演奏家でもあった二十代の佐太郎。多忙を極めるなかで生まれた三人の息子たちは、全員、鼓の道へと進んだ。

長男は父と同じ能の大鼓方に。次男は母の跡を継ぎ当代（十三世）の田中傳左衛門に。三男は歌舞伎の囃子方として作調やプロデュースを。三人三様、それぞれの場で活躍をしている。

二〇〇四年二月大歌舞伎『茨木』で
小鼓を打つ
十三世田中傳左衛門（中央）

鬼の佐太郎

伝統の世界に世襲はつきものだ。だが、それは必ずしも血脈を重んじるという意味ではない。

「家、家にあらず、継ぐを以て家とす。人、人にあらず、知るを以て人とす、といへり」。かの世阿弥はその言葉を残した。芸の道において、家とは血脈を継ぐことではなく、その家に伝わる道を継ぐこと。そこの家に生まれたから「家の人」なのではなく、そこに伝わる道を極めた人こそが、「家の人」なのだ、と。

父（十一世傳左衛門）には、娘の私に託した技をさらに孫に伝えて、やがては傳左衛門を継いでほしいという思いがもちろんありました。けれど同時に、伝えるべき孫にもし才能がなかったなら、次の傳左衛門は一門の弟子筋に継がせようという覚悟ももっていました。

それは当代の傳左衛門も同じです。傳左衛門の息子は今年十歳になりますが、その子の稽古を三歳ではじめるとき、「やるだけやってみてください。もし不向きだったなら、やめさせて別の道に行かせます」と言って、私に託しました。

孫とは一緒に住んでいないので、週に三回、学校が終わるとうちに通ってきます。やがて傳左衛門自身が本気で稽古をつけることになるのでしょうが、今はまだ私まかせの段階です。まだ、突き詰めた稽古にはしていません。きっちりと向き合って座る。大きい声で。よく考えて打つ。今のところはこの三つぐらいで、まずは慣れることに重きを置いています。

ただこの先、どうなっていくのか。傳左衛門には傳左衛門の考えがあるでしょうから、私があれこれと口を出すのは筋が違うと思っています。ですから、任されたなかでできる最大限のことをしていますが、正直なところ、もどかしさもあります。

佐太郎の三人の息子たちは母のおなかのなかで、生まれる前から囃子の音やリズムに親しんできた。それは〝鼓動〟と同じくらい自然なものとして、彼らの細胞に刻まれている。記憶のはじまりには、自宅の稽古場で鼓を打つ祖父や父、母の姿がすでにある。だから、と当代の傳左衛門は言う。

「自分たちが稽古をすることは何の違和感もなく、むしろあたりまえのことだった」と。

同じ屋根の下で、二十四時間、三百六十五日、同じ空気を呼吸することで生まれる無条件の信頼。そうした背景があってはじめて成り立つ稽古がある。そして、日々の暮らしのなかでしか学べない、大切なことがある。


息子たちは三歳前後で稽古をはじめて、大鼓は主人が、小鼓と太鼓は私が、三人それぞれに教えました。

芸というのは、自分が携わるものだけ稽古していればいいというものではありません。たとえば歌舞伎俳優の場合、演技だけしていればいいわけではないでしょう。鼓とか、能の謡や仕舞とか、つながりのあるありとあらゆる芸に触れ、稽古することで、間違いなく演技に厚みや奥行きが加わります。

能と歌舞伎、将来どちらの道を選ぶにしても、あるいは違う道に進むことになっても、息子たちが稽古した経験は無駄にはならないという確信がありましたし、実際、そのとおりだったと思います。

前にもお話ししたとおり私は、なにがなんでも型から入っていこうとする父の稽古での苦しい記憶がありましたから、子どもたちには、父とは違う、噛んで含めるような稽古をしたつもりです。とくに幼いころには、無理なく少しずつ階段を上がっていけるようにと心掛けていました。

ところが、息子たちに言わせると「鬼の佐太郎、閻魔《えんま》の忠雄（夫・亀井忠雄）」だそうで（笑）。

最近は、なにかというと体罰だといって、手をあげることが絶対悪のように言われますが、本当にそうでしょうか？　あえて誤解を恐れずに言えば、怒りの感情に任せて叩くのはいけないけれど、手をあげて叱らなければならないときがあるのです。叩かれたほうは痛いに決まってますが、叩くこちらだって、手も心も痛む。それでも、それぐらい真剣にやっているんだという覚悟を伝えるために、必要なときがあるのです。


かつての母の稽古について、傳左衛門は「殴り稽古」だと言い、傳次郎は「間違えると張り扇が飛んできた」と語っている。落ちた扇をもっていらっしゃいと言われ、拾い上げてもっていくと「今度は横っ面をパーンとはたかれた」と。

　正直、稽古はつらかった。ある日の稽古で傳次郎は、いきなり佐太郎に胸ぐらをつかまれた。「情けない!」と叱る佐太郎の眼に涙を見たとき、傳次郎のなかでつらいだけの稽古は違う意味をもちはじめた。

「長男には亀井を名乗らせます」

長男の広忠が生まれたとき、主人は後継ぎを待ち望んでいた父の思いを察して「田中の跡取りに」と考えてもくれたのですが、私は頑として「長男は亀井を名乗らせます」と譲りませんでした。

　喉から手が出るほど後継ぎが欲しかったはずの父には申し訳なかったけれど、跡取りが欲しいのは亀井の家も同じです。次に男の子が生まれてくる保証はないのですから、父は気が気ではなかったと思います。

　幸いにして、翌々年に次男の孝之(当代傳左衛門)が生まれ、さらにその翌年には三男・雄三（傳次郎）が生まれました。

広忠は、小学校に上がる前にはすでに、将来は父親の跡を継いで自分は大鼓方になりたいと言っていました。それをそばで見ている孝之には、田中流を継ぐのは自分の役目なのだという自覚がおのずと育ったのだと思います。兄ふたりがそうして早い時期に進むべき道を選んだのに対して、末っ子の雄三にはふたつの選択肢がありました。能と歌舞伎どちらに進むべきか、よくよく考えた結果、彼は歌舞伎の道を選びました。

父は、孝之の傳左衛門襲名を待たず亡くなっています。それでも、孝之が傳左衛門、佐太郎に次ぐ源助を名乗り、雄三もまた歌舞伎の道に進んだことは、父にとって大きな喜びだったと思います。孝之の源助襲名の際には、たっぷりと蒔絵が施された豪華な鼓の胴を贈ってくれました。

次男・孝之の傳左衛門襲名

晩年、体調を崩した父は、一九九七年に亡くなるまで十年近く病床についていました。その間、周囲からは私に、傳左衛門を継いではどうかという声もいただきましたが、もし私が家元を継いで傳左衛門を名乗っても、出囃子として表舞台に立つことはできません。そのような自分が継ぐよりも、一刻も早く、息子にバトンを渡すための道を選んだのです。なにより私は、父には死ぬまで傳左衛門でいてほしかったのです。

同じ囃子の家元といっても、能と歌舞伎では状況がまったく違います。チームプレーを基本とする歌舞伎囃子の一門は、社中を束ね率いていく家元を頂点にした、たとえるなら、ひとつの会社のようなもの。対して能は、個人事業主といった感じです。

歌舞伎の世界で社中を率いるには、芸の実力だけでなく人としての力量も求められます。父が亡くなったとき、孝之はまだ二十歳を過ぎたばかりでした。頃合いを見て、父の追善の会を催して、傳左衛門襲名披露を兼ねる、ということもできたと思います。むしろそれが一般的なやり方だったでしょう。けれど私には、当代傳左衛門襲名は歌舞伎の本公演で、という強い願いがありました。

強く願う。それは、運に希望を託してただ祈るのではなく、必要な道筋や環境をひとつずつ調えて、機が熟する瞬間に備えるということだ。

歌舞伎の本公演での傳左衛門襲名に向けて、佐太郎は奔走した。幸いなことに、周囲には永山武臣松竹会長や坂東玉三郎をはじめ亡き父・十一世傳左衛門の芸と人を慕う人々がいて、佐太郎の思いに共感し、協力をしてくれた。

演目は『茨木《いばらき》』で、主役の茨木童子はぜひとも、玉三郎さんにお願いしたい。それが私が描いた傳左衛門襲名披露公演のイメージでした。

『茨木』は、能の『大江山』や『羅生門《らしょうもん》』をもとにした、鬼退治ものの作品です。成駒屋さん（六代目中村歌右衛門）が演じた茨木童子がとても印象に残っていて、曲の組み立ても良く、囃子の聞かせどころもあって、力強いところが、襲名にふさわしいと思いました。

玉三郎さんには、快く出演を引き受けていただきました。さらに、せっかくなら出囃子の面々は黒紋付に裃《かみしも》ではなく、古風に烏帽子素襖《えぼしすおう》の「烏帽子立ち」にして、立鼓を打つ傳左衛門は素襖の色を変えてみては、といったように、いろいろとアイデアを出してもくださいました。
本当に、たくさんの方々の思いに背中を押され、亡き父に守られて、かなった襲名披露公演だったと思います。

そうして二〇〇四年二月大歌舞伎の『茨木』で、佐太郎の思いはかなう。悪鬼退治の英雄「渡辺綱《わたなべのつな》」に今は亡き市川團十郎、「伯母真柴《ましば》実は茨木童子」には初役となる坂東玉三郎。その玉三郎の発案で、素襖に身を包み烏帽子を戴いた若き家元は、出囃子の立鼓を勤めて田中流十三世傳左衛門となった。

第二場

鼓の家

能と歌舞伎、それぞれの囃子の第一線で活躍する佐太郎の息子たち。「伝統を踏まえつつ、新しい可能性を追求するため」に、彼らは一九九七年、「三響會《さんきょうかい》」を立ち上げる。兄弟として、同志として、よきライバルとして。常は独立独歩でありながら、いざというとき三人の結束は固い。

子どもたちが独立し家を離れた今、鼓はより深い絆となって家族を結びつけている。

妻として、母として

母が亡くなったあとに、引き出しや押し入れを整理していると、晒《さら》しの反物《たんもの》がたくさん出てきました。父が身に着けるきものの肌襦袢《はだじゅばん》や浴衣《ゆかた》は、すべて母の手縫いだったので、必要になったらいつでも縫えるようにと用意しておいたのでしょう。

私は洗濯ものを干すときにパンパンと手でシワを伸ばすだけですが（笑）、母は洗いあがった肌襦袢には、必ずきちんとアイロンもかけていました。

母の実家は裕福だったので、けっこう援助もしてくれていたようです。けれど、そういうことを父に感じさせないようにしていました。長唄や歌舞伎囃子の研究会を父は自宅で開いていて、そうした会の忘年会などでは、料理は全部、母が作っていました。

そうして見えないところで父を支える母の姿を見て育ちましたから、夫にはできるだけのことをしてあげたいという気持ちが私にも強くあったと思います。

けれど、自身が芸の道を歩む人間である佐太郎にとって、母のように裏で家族を支えていくことは、現実として簡単なことではなかったはずだ。
結婚以前と変わらず、歌舞伎の黒御簾に入って舞台の仕事、国立劇場の養成課での後進の指導、実家に通ってくる弟子たちの稽古に、自身が開催する定期的な演奏会。さらにそこに子育てが加わった。

ふりかえってみると、長男の広忠が生まれたころが一番大変でしたね。結婚したときには亀井の父は亡くなっていたので、義母と末の義弟が一階に、私たち夫婦が二階に住んで、主人の実家で四人の暮らしがはじまりました。

家のことをどうするかは、義母と話して最初に決めました。それまで義母がやっていたことを全部私がするとしたら、私も大変だけど、義母も張りがなくなってしまいます。ですから「食事の支度は、お義母《かあ》さんがしてください。片付けやお掃除、自分たち夫婦の洗濯は私がします」という担当を決めました。私が家にいるときは、できるだけ一階で義母と一緒に居間で過ごして、テレビを見たりお茶を飲んだりするようにもしていました。

義母は江戸っ子で、とても気持ちのいい人でした。子どもたちのお食《く》い初《ぞ》めや初節句などの際、次男のときにちょっとでも私が手を抜こうとすると、「あなたにとっては二度目でも、この子にとってははじめてのことなんだから、同じようにしなくちゃだめよ」と言ってくれたり。私も、意見を求められたときには、自分はこう思うということをはっきり言い合える間柄でした。

広忠が生まれて歌舞伎の仕事を少し減らしましたが、仕事があるときには、朝、実家に広忠を連れて行って母に預けて、歌舞伎座に通っていました。その翌々年に孝之（現・傳左衛門）が生まれてからは、かなり仕事をセーブするようになりました。実家でのお弟子さんたちの稽古も、なるべく主人が地方に行って不在のときにするというように調整をして。

仕事をもっているとはいえ、自分は嫁に行った立場だという思いはありました。そもそも、夫に考え方や性格を変えてくださいといったところで、相手ももう大人ですから無理にきまっています（笑）。ならば、自分が変わるなり、なんとかなるよう工夫するしかないですよね。

三男・雄三（現・傳次郎）が中学生になるころ、それまで進むつもりでいた能の大鼓から歌舞伎囃子に方向転換したいと打ち明けられたとき、佐太郎は「自分の口で、お父様に言いなさい」と告げた。

子どもが父親に直接言いにくいことがあると、多くの家庭では、母親が代わってとりなしてくれる。けれど佐太郎はあえて手をさしのべない。求めるものは、黙っていては手に入らない。人任せにせず自分自身で行動しなければ、人が与えてはくれないのだと、息子に教えるために。

ふだんのしつけは、全部、私です。主人は一切口出しをしませんでしたが、挨拶と食事の仕方だけはうるさかったですね。

この仕事は座るということが大事ですから、子どものうちはお膳に向かって正座で食事をするようにしていました。すべて、舞台に通じていきます。

傳左衛門には、今となっては師匠として芸についてあれこれ言うような段階ではないと思っています。若くして家元になったために、苦労も多いと思いますが、芸の基本はしっかりと教え込んだので、あとは彼自身がどう色づけをして自分の芸にしていけるかでしょう。

広忠は、石橋を渡るのに叩きすぎるようなタイプで、子方《こかた》（能の子役）時代からあまり心配することがありませんでした。主人がなにも言わない分、私が舞台を観た感想を言うことが多いのですが、「生まれながらの持ち味を大事にしなさい」ということをずっと言い続けています。真面目に、熱っぽい舞台というのは誰でもやろうと思えばできるけれど、彼が生まれながらにもっている清々《すがすが》しさは、もちたいと思ってもてるものではないのだから、と。三人のなかでひとりだけ能の道に進んだ息子なので、少し親のひいき目も入っているかもしれませんね（笑）。

末っ子の傳次郎には、今でも厳しい言葉をかけ続けています。兄二人と違って、まだどこか腹がくくれていないところがあるように感じます。自分なりのポジションを切り拓いてやりがいを見出し、忙しさに追われていますが、もっと高いところを目指してほしい。そのためにどうするべきか、そろそろ真剣に考える時期にきていると思います。

家族とは

昨年、忠雄が腕を傷めた。長いこと痛みが引かず、口癖のように「痛い」とぼやく忠雄に、佐太郎は「年をとれば、どこかしら痛いのはあたりまえ。痛い痛いと言ったところで治るわけじゃないのだから」と、なかなかに厳しい。それも佐太郎なりの励ましだ。

広忠が「親父さん、楽屋でも痛いと言っているよ」と言うと、傳左衛門は「リハビリのために、毎日、朝昼晩と、今までより一往復多く階段の昇り降りをしてみたらどうですか?」と具体策を出してきます。すると傳次郎は「この年歳《とし》まで無事に大鼓を打ってこられたんだから、これで良しとしなくちゃだめだよ」と言う。

言い方は違っていますが、三人とも同じように父親のことを気にかけているんです。主人も、傳次郎の言葉を聞いて、気持ちが軽くなったと言います。

先日、テレビを見ていたら、ご主人が認知症になってギクシャクしているご夫婦のドキュメンタリーをやっていたんです。昔のアルバムを見てなにも思い出せないご主人に、奥さんが「そのときに楽しかったなら、後で忘れてしまってもいいじゃない」と言ったんですね。それを見ていて、ああ、いいなと思って。主人も「素晴らしいね」とうなずいていた。だから言ったんです。「もし、あなたがあのご主人と同じように全部忘れてしまったとしても、私もあの奥さんと同じように思うから。だから、大丈夫よ」って。

好き勝手を言って、都合のいいところだけ頼ろうとするのは甘えです。不便があるから、寄り添ったり、助け合ったりできる。普段はバラバラにやっているように見えても、なにかあったとき、心をひとつにできる。家族というのは、そういうものだと思うのです。

二〇一七年十一月、
第九回「三響會」で共演する三兄弟。
右より
十三世田中傳左衛門
亀井広忠
田中傳次郎

第三場

きものが教えてくれること

佐太郎にとって、きものは仕事の必需品であると同時に、その一枚一枚が濃密に父や母の思い出につながっている。

反物の選び方、帯の合わせ方、着つけるときの心配り。「みんな、父と母から教わった」と佐太郎は言う。

親から子へ、そして孫へ。受け継がれていくきものを通して、田中傳左衛門家の家族の記憶が紡《つむ》がれていく。

父と母の形見のきもの。
「手前は父が私のために
京都で求めた総絞り。
姉たちは
『なんで令子にだけ買うの』
って怒っていましたね（笑）」

きもののたのしみ

歌舞伎の黒御簾の仕事をはじめるときも、その後も、地味なきものを衿を詰めて着るようにと、父は私に口うるさく言い続けていました。けれど、十五歳の私が初舞台を踏んだときだけは特別で、その日のために誂《あつら》えてくれたきものには、娘らしく華やかで上品な鉄線の柄が染め上げられていました（4頁）。

中村富十郎さんがお母さまの吾妻徳穂《あづまとくほ》さんと踊った『時雨西行《しぐれさいぎょう》』でお召しになっていた衣装を、とても気に入った父が、「ぜひ、娘の初舞台のきものに」とお願いをして写させていただいたものです。

今、そのきものは解き洗いに出していて、やがて孫が当時の私と同じぐらいの年になったら仕立ててあげようかと思っているところです。

父は、初孫の広忠のお宮参りには真っ白な綸子《りんず》地に金糸《きんし》で田中の紋を縫った掛け着をつくってくれました。次男の孝之（当代傳左衛門）も、三男の雄三（傳次郎）も、そして男の子の孫たちも、その祝い着を着てお宮参りをしてきました。

子どもの人生の晴れの舞台にきものを誂える。そこには、この日を迎えられた感謝と喜び、そして、この先の無事な成長を願う親の心が託されている。

佐太郎の父は酒もたばこもたしなまず、その分、着るものと旅行には贅沢を通した。旅先で娘に似合いそうな反物を見つけると土産に買って帰るような人だった。

私たちのように伝統の世界に関わる人間にとって、きものを着ることは生活の一部です。「表舞台」や「本番」の場はもちろんですが、むしろ「舞台裏」や日々の「稽古」でこそ、きものを着ることを心掛けるべきだと思います。

たとえば鼓を人に教えるとき、洋服でもできないわけではありません。けれど、袂《たもと》の捌《さば》き方や手の扱いなど、きものを着ていなければわからないことがあります。教える側も教わる側も、言葉ではなく体をもって伝え、覚えることが大切です。洋服のままでする稽古と、きものを着てする稽古では、場の空気も違ってきます。なにより、自分自身の気持ちが変わります。

国立劇場の養成の指導に行く際も、私は必ず家からきものを着て出かけます。きものは洋服と違って、着るにはそれなりの手順と多少の時間が必要です。だけど慣れてしまえば大した手間ではありません。そのわずかな時間が、家のことや雑事に追われる日常から気持を切り替えるために役立ちます。私にとっては、亀井令子から田中佐太郎になるための時間でもあります。

主人（亀井忠雄）と私が主催する「囃子の会」や、息子たちの「三響會」などのときには、きものか帯、なにかひとつ母のものを身に着けて楽屋に入ります。そうすることで、父や母が見守ってくれているような気がして、気持ちが引き締まるのです。

母は私より身幅があったので、帯はそのまま締められますが、きものはやはりそのままでは着にくいところがあります。なので解き洗いをして、折々に気になるものを取り出して仕立て直しています。

主人は父とほとんど寸法が同じなので、父のきものを直さずに着られます。先日、父の上布《じょうふ》を着た主人と出かけたとき、三越で呉服売り場の方から「これほどの上布は、今はもう手に入りませんよ」と言われ、きちんと手入れをしながら着続けるきものの素晴らしさをあらためて感じました。

帯やきものを選ぶたのしみ、身に着けるたのしみ。加えて佐太郎には、自らの手でつくり出すたのしみもある。子育ての合間のわずかな時間を使って覚えた「絽刺《ろざ》し」は、実益を兼ねた趣味として長く続けてきた。

三男が幼稚園に入ったばかりのころです。幼稚園もはじめのうちは、送っていったと思うと、すぐにお迎えの時間になってしまうので、多くのお母さんたちは家にはもどらずにそのまま待っています。ホワイエ（待合室）で待つ間、親同士、他愛もないおしゃべりをしながら、それぞれに好きな手芸をして過ごしていました。その「すきま時間」に、私は、姉がやっていた絽刺しを見様見真似で覚え、はじめたのです。

能の腰帯や鬘帯《かずらおび》の文様をヒントに図案や糸の配色を考えて、枠に張った絽目の生地に専用の糸で文様を刺していきます。帯地や着尺《きじゃく》（きものの反物）を注文で好みの色に染め、できあがった絽刺しの配置を決めて、仕立てに出します。一度はじめると無心になってしまって、あっという間に時間がたっています。そういうときの集中力は仕事のときとは別のもので、いい気分転換になります。

あーちゃんの葛籠《つづら》

家の押し入れには「あーちゃん（孫たちが佐太郎を呼ぶときの呼称）の葛籠」がある。中には母の遺した白生地や色無地、解き洗いしたきもの、孫たちのために佐太郎が求めておいた反物などが詰まっている。

孫たちには、きものをつくるときは、まず、この葛籠を開けて、使えるものがあったらそれでつくりなさいと言っています。そこでほしいものが見つからなかったら、買えばいいのだから、と。

新しいものをつくってあげるときには、本人の好みを尊重して、自分で選ばせるようにしています。横で見ているとそれぞれの子の性格が出て、面白いですよ。嫁は女の子には赤とかを選ばせたいのに、本人は緑を選んだり。でも、自分で選んだ

佐太郎が絽刺しした帯。
「左は義母の誕生日に
贈ったもの。
鹿の子文にしたので、
とても時間がかかりました。
右の白い帯は
そろそろ嫁に譲ろうかなと
思っています」

ものなら、いやいやでなく着ますから。きものを着ることが特別なことではなく、日常のことに感じるようになるのがまずは大切。そうして大人になったときに、そのきものの記憶が、いい思い出になっていたらいいと思います。

私自身、仕立て直しからあがってきた母のきものに袖を通すと、「そういえばあのとき、母はこのきものを着ていたな」といった思い出がよみがえってきます。夫が着ている父のきものを見て、息子たちが「おじいさまがあのときに着てたきものだね」と懐かしがることも。そんなふうに振り返り、会話ができるのも、きものの良さのひとつでしょう。

かつてきものは、そうして親から子へ、さらに孫へと、手入れを繰り返しながら二代、三代にわたり受け継がれていくものだった。けれど物があふれる現代では、わざわざ時間と労力とお金をかけて解き洗いや色の染め替えをするよりも、新品を購入するほうが手軽で、多くの場合、安上がりでもある。

最近は、夏になると浴衣を着る若い人が増えて、女の子だけでなく男性でも見かけるようになりました。若い世代がまずは浴衣からきものの世界に近づいていくのは、とてもいいなと思います。

ただ残念なのは、昔は職人の手染めだったのが、今はプリントが主流になっています。手染めの浴衣は価格が高くて若い世代には手が出ない、だからつくる側も手軽で安価なものを世に送り出す、ということなのでしょう。

一概にプリントや洗えるきものがダメというのではないのです。実際、うちでも息子たちが十代のころには洗えるきものを着せていた時代があります。毎日、稽古で汗だくになるので、いちいち生き洗いに出していたら、きものが何枚あっても間に合わないという状態でしたから（笑）。

けれど、いいものを着ることも大事なこと。本物とはどういうものかを肌で知ることで、愛着をもって大切に扱うことを覚えます。

便利さも取り入れながら、ここぞという場面には本物を着て臨む。伝統を次の世代に伝えていくためにも、今の時代にはそういう使い分けも上手にしていけたらいいと思います。

第四場

鼓の未来へ

「跡取りを育ててほしい」という父の思いを受けて、佐太郎が鼓の道を歩みはじめて六十年以上が過ぎた。伝統の世界をとりまく現実は、時代のなかで大きく変化している。息子や孫、社中はもとより、この道を目指す次の世代のために、自分にはなにができるか、なにをすべきか。折につけ、父が手帳に書きつけた言葉に立ち戻りながら、佐太郎の眼は鼓の未来へと向けられている。

「歌舞伎座ギャラリー演奏会別会」（二〇一七年三月）
長唄『雨の五郎』の演奏風景。
前列右より当代傳左衛門、忠昭くん

演奏を終えた孫・忠昭くんを楽屋で迎える佐太郎

名は、人をつくる

後継者をいかに育てるか。それは伝統芸能のどのジャンルにおいても大きな課題であり、今は、非常に厳しい現実に直面している。

そもそも日本人は、自国の文化よりも舶来文化に心惹かれ、憧れる傾向がある。お稽古事にしても高度成長期を境に、ピアノやバレエといった洋風の習い事をする子どもが急増した。学校教育においても西洋の音楽や芸術に重きが置かれてきた。

親がそうした教育を受けていれば、その子どもが邦楽や邦舞とは縁遠くなってしまうのは無理のないことです。実際、邦楽とはまったく無縁の家に育って、習い事として鼓の稽古をはじめるという子はごくわずかです。ましてやプロを志すなんて子どもはほとんどいません。

歌舞伎囃子の担い手に関して言えば、現状では国立劇場の養成課の研修制度が頼りのような状態です。養成期間の二年間で、下地がほぼゼロの状態から仕込んで、プロとして現場に送りこむ。もう四十年以上、そうした仕事に携わってきました。

一生が修行といわれるこの世界で、たかが二年やそこらでプロとして通用する力がつくわけがありません。ですから一度で判断せず、せめて三回目ぐらいまでは見守ってあげたいという思いが私にはあります。けれど現場にしてみれば、必要なのは即戦力です。父の時代や私の若いころから比べると、今の歌舞伎興行は確実に忙しくなっています。地方巡業ともなればギリギリの人数で動きますから、一度の失敗も許せない、という気持ちもわからないではありません。それでも、ほとんど現場の経験のない者にいきなり百パーセントを求めるのは酷《こく》というものでしょう。

研修生には、「まずは大きい声を出しなさい」と一番に教えます。曲趣とかはあとでもいい。いきなりきれいな丸をつくることを目指すのではなく、たとえ角《かど》があってもいいから大きな丸をつくることを考えなさい、と。そうしてやっていくうちに、だんだんと角が取れてくるのです。若いころからあまり曲趣とかを考えすぎて器用が身についてしまうと、芸が小さくなって、ある年齢を越えたあたりから力が衰えてしまいます。

とはいえ、いつまでも角だらけのままでは話になりません。現場ではだれも助けてはくれないというのも現実です。結局のところ、研修で習った基礎の上に、いかに稽古と知識と経験を積み、自分の芸をつくりあげるか。それは本人の自覚にかかっています。生前、父はよく「陰の正直であれ」と言っていました。人が見ていようがいまいが勉強し、努力をする。それが必ず舞台の現場に生きてくるのだと。

けれど私自身、自覚をもち、父の言葉の重みを本当に理解できるようになったのは、父を亡くしてからでした。

父が亡くなったとき次男の孝之（当代傳左衛門）は、まだ源助《げんすけ》を名乗っていました。興行先の大阪で舞台を終えて葬儀に駆けつけてきたその姿を目にした瞬間、ものすごくほっとしたのを覚えています。傳左衛門の前名である佐太郎を名乗って、自分では先頭に立って社中を率いてきたつもりでしたが、これで父の名前とともにその務めを息子に渡すことができる、と思えたのです。

歌舞伎囃子田中流の家元名「傳左衛門」。一門を束ねてきた十一世の父を見送り、その名を継げるまでに育った息子に次の代をゆだねる決心をして、佐太郎はようやく、八歳からずっと背負いつづけてきた肩の荷をおろすことができた。あまりにも長いこと背負いつづけ、もはや体の一部のようにさえなっていたその荷はどれほど重く、その道のりはどれだけ長かったか――。母の歩んできた道に思いをめぐらせた次の「傳左衛門」は、自らを十三世として、母に十二世傳左衛門の名を追贈した。

家元の前名である「佐太郎」、さらに佐太郎の前名の「源助」。いずれも一門にとって大切な名前だが、実は田中家にはもうひとつ、久しく使われていない「涼月《りょうげつ》」の名前があった。

涼月は、隠居名として祖父（十世傳左衛門）と叔父が名乗っていた名前です。実は、六十歳を過ぎたころに、佐太郎の名を傳次郎にゆずって、涼月を名乗ろうかと考えたことがありました。気持ちとしては、傳次郎に佐太郎を名乗らせるために自分は涼月になろうと考えた、というのが正確かもしれません。

名は、人をつくります。不思議なことですが、名前を継ぐことで人は変わります。今の自分よりも大きくなることができる。代々が積み重ねてきた努力と経験を見守ってきた名が、人と芸をひきあげてくれるのです。

同じ世界に生きる兄が十三世傳左衛門を襲名して覚悟をもったように、傳次郎も佐太郎を名乗ることで、今の自分に足りないところを補い、さらなる高みを目指す覚悟をする時期だと思ったからです。やがて彼の息子がこの道を継ぐ決心をしたなら、傳次郎の名をその子に贈ることもできます。

そこまで考えての提案でしたが、傳次郎から返ってきたのは思いがけず戸惑いの反応でした。彼なりにさまざまな思いや考えがあって、そこにはどうやら、かつて私が父に対して「ずっと傳左衛門でいてほしい」と思っていたのに似た気持ちもあったようです。

それでも、こういう家に生まれ、この道を選んだのであれば、どこかで腹をくくることは必要で、そう遠くない将来に、その日がやってきてほしいと願っています。とはいえわが身を振り返ってみても、自覚とか覚悟というのは、親や師匠が元気なうちは、なかなかもてないものかもしれません（笑）。

「亀井令子」に戻る日は

凉月を名乗ることを考えた時期の少し前だろうか、還暦を目前にした佐太郎は、自身のこれからについてこんなふうに語っていた。

——父が手帳に書きつけた言葉を整理することも私の仕事です。自分には親に託された人生があって、次（息子たち）に託す人生があって、そうしてこれからの残りの人生は、そろそろ自分のやりたいことをやってもいいのかなと思っているところです。やりたいことの半分は（国立の養成課の）研修生をしっかりと育てて、一門の地固めをすること。あとの半分は、趣味の絽刺しや庭掃除とか、身のまわりのこと。私、掃除が大好きなんですよ（笑）——

少しずつですが、父が遺した言葉の整理も進めています。たとえば「舞台に臨むときは、楽屋でまず手を洗い、うがいをする。道具（鼓）に触れる前には、もう一度手を洗い、心して組み上げる」といった、心のもちようや作法のことが書かれています。演奏の技術だけすぐれていればいいのではなく、そういう見えないところにも心を配ることで芸の品格が育つのだ、と。そうした父の言葉を、講義や研修生の授業の折々に語りますし、まず息子たちにしっかりと伝えて、それが社中のみんなに広がっていったらいいなと思っています。

社中として一門をともに盛り立ててくれる仲間も、養成課での指導を五十年近く続けるなかで、研修生から着々と育ってきています。十年前に考えていた「やりたいこと」の半分は、ひとまずクリアしつつあるといった感じです。

でも残りの半分は、まだまだですね（笑）。孫たちは、傳左衛門のところは十歳の男の子と女の子の双子で、傳次郎のところは十三歳と十一歳の女の子、六歳の男の子。五人全員、三歳ぐらいから鼓の稽古をしています。二歳ぐらいからは、お座りをして、ご挨拶をして、楽器はまだ無理なので手で調子をとって声を出す、そんなことははじめていました。

男の子ふたりは、プロになることを前提とした稽古です。なかでも傳左衛門の息子の忠昭は、将来は父親の跡を継いで自分はこの世界に進むのだという自覚をもっているようで、きちんと週に三回、私の稽古を受けにやってきます。

子どもの集中力は長くは続きませんし、同じことをやっていると飽きるので、一回十五分ほどで、来るたびに太鼓、小鼓、大鼓と違う楽器をやることにしています。

ときどき、傳左衛門が忠昭に稽古をつけることもあるのですが、大人の速度で稽古をさせるものですから、忠昭はついていけずに、涙ぐんでいます。

傳左衛門にしてみれば、「お前がこれから歩もうとしている世界はこんなに厳しいんだぞ」と教えようとしているのでしょうが、やはり子どもには子どもでもわかるように教えることも必要です。

傳左衛門から「稽古がいやか?」と聞かれると、忠昭は涙をぐっとこらえて「いえ」と答えます。そういう姿は、小さいころの傳左衛門そっくりです。長男の広忠は絶対に泣きませんでしたし、末っ子の傳次郎は笑ってごまかす（笑）。子どもというのは、面白いですね。

私自身、鼓の稽古をはじめたのは八歳からですから、孫たちの稽古も焦る必要はないと思ってはいます。ただ自分の年齢を考えると、さて、この子たちの未来をどこまで手助けし、見届けることができるでしょうか。

佐太郎が本名の亀井令子に立ち戻り、趣味や庭の手入れを存分にできる日は、まだ当分の間、お預けのようだ。

生涯「佐太郎」のままで

田中傳次郎
歌舞伎囃子方

1977年、亀井忠雄と九代目田中佐太郎の三男として生まれる。父・母および八世観世銕之亟に師事。3歳のとき『田村』で初舞台。94年、七代目田中傳次郎を襲名。市川猿之助歌舞伎やスーパー歌舞伎、復活の歌舞伎狂言など多数作調。

小さいころは母の稽古とともに、父から大鼓を習っていました。けれど父の教え方は三つや四つの子には理解できず、それを手取り足取り、わかるように教えてくれたのが母でした。暑い日も寒い日も、母に手をひかれて、八世観世銕之亟師の稽古を受けに兄弟そろって青山の銕仙会《てっせんかい》に通い、お稽古が遅くなるとみんなでごはんを食べて帰る。七歳、八歳のころまでは、そんなふうに厳しさのなかにも母の愛情を素直に感じられた「よき子ども時代」でした。

ところが十二歳で歌舞伎の道に進むと決め、十三歳から歌舞伎の黒御簾で現場に出るようになったころから暗雲がたちこめはじめます（笑）。患っていた祖父（十一世傳左衛門）の具合もだんだんと悪くなっていくなか、流儀がトーンダウンしていた時期で、母の厳しさはもう半端ではなくなっていきました。手は出るわ、罵倒されるわ、業界でも語り草になるような超スパルタ教育というものがはじまりました。

当時、祖父に代わって事実上の「女家元」として流派の長でいた母には、きっと意地みたいなものがあったのでしょう。女性の自分が育てたから「やっぱりあの子たちはダメだ」と言われることが、佐太郎にとってもっとも屈辱なこと。やがて家元を継ぐべき立場の傳左衛門は鼓打ちとしての道がすでに確立されてきていましたから、太鼓は私に伝えようという気持ちがあったと思います。佐太郎の代名詞ともいえる太鼓が私に受け継がれ、その芸の遺伝子が歌舞伎の舞台で生かされ花咲くことを、母は一番、望んでいたのではないでしょうか。

「佐太郎」の名前のもとに結ばれた一門の絆

十年ほど前に、「還暦を機に、佐太郎の名を譲りたい」と母から言われたとき、私は猛烈に拒みました。「佐太郎」と言えばイコール、九代目田中佐太郎なのです。第一期から何百人と母が稽古し育ててきた国立劇場の研修生にとっては「佐太郎先生」といえば九代目佐太郎以外の何者でもあり得ない。田中流というのは、佐太郎という名前のもとに絆を結んできた一門と言ってもいいくらいで、その名前はある意味永久欠番のような、特別なものなのです。私自身、隠居して別の名前を名乗り、人に教えていない佐太郎というのは想像ができません。

ちょうどそのころ、私の傳次郎という名前も世の中に認知されてきていた時期でもあり、慣れ親しんだ名への愛着もあって、ひとことでは言えない複雑な気持ちだったのです。子どもとしての寂しさもあり、佐太郎は生涯「佐太郎」のままいてほしいという思いもありました。

焼肉三十人前、ヒレカツ五十枚！　食べ盛りの食卓をひとりで切り盛り

母と同じ食卓についた記憶が、ほとんどありません。父とわれわれ兄弟、男四人が食卓についているあいだ、母はずっと料理を作って、運んで、よそって。子どもたちはものすごい勢いで食べて、父はお酒を飲みませんから、二十分もあれば食事が終わってしまう。そうやってわれわれが食べ終わったころ、母がようやく食卓につくのです。父は舞台人として健康管理に気を遣っていて、ほとんど外食をすることがありません。母のポリシーでうちにはお手伝いさんはいませんでしたから、国立の養成で教えて、子どもたちを育てて、家事をやって、食事の世話をして、本当に大変だったと思います。男の子三人の食事の量は半端じゃないですから、米は一日で二～三キロ、焼肉なら三十人前。ピークのときは、ヒレカツ四十～五十枚ぐらい揚げていました。

母は自分の好きなものを作ったことは、たぶん一度もないんじゃないでしょうか。たまの外食のときでも、店選びは父に任せていますし。なにを食べたいとか、ここ

銕仙会に通っていた頃の三兄弟

に行きたいとか、そういう母の自己主張や好き嫌いを、私は一度も聞いたことがないですね。

「ありがとう」の言葉は、まだ言えない

小さいころから、自分の家を変わった家だなと思ってました。父は芸一筋で不器用だし、母も社交辞令的な人付き合いには無関心で、鼓と太鼓にまっしぐら(笑)。兄二人も芸のことばかり。だから私は逆に自由を求めたというか。部活もバスケット部に入ったり、スキーをやったり。十代は、学校から呼び出しをくらったりもして、一番母の手を煩《わずら》わせました。お利口《りこう》さんじゃなかったし、真面目じゃなかった。

だけどある意味、家族との距離の取り方は自分が一番うまいかもしれません。忙しいと一か月、二か月、全然、訪ねもしなければ電話もしない。一番、離れて

いるけれど、だからこそ一家のなかで、唯一、家族の全体を俯瞰《ふかん》できているような気がします。

母は「あなたと接する時間の差は、一生縮まらない」のだと言います。長男の広忠よりも約三年、次男の傳左衛門より約一年半、母が末っ子の私と生きられる人生の時間は短い――。そんな母の言葉を耳にすると、師匠・佐太郎ではなく純粋な母親としての愛情を感じ、幼かった日々の記憶がよみがえってきます。

自分は佐太郎にいまだに頼っているし、甘えている。佐太郎がいてくれるから、現役の最前線で自由にやっていられることは重々わかっているのです。でも、「ありがとう」と言ってしまうと、もう終わりでしょう。だから、ありがとうはまだ言えない。気持ちはいっぱいあるけれど、その言葉を口に出して伝えるのは、まだしばらく先だと思っていたいんです。

「よろしくお願いいたします」。
稽古のはじまりは
折り目正しい挨拶から

孫たちへの稽古

母と同様、歌舞伎囃子の道を進み、多忙を極める次男・傳左衛門と三男・傳次郎は、それぞれの子息の芸の仕込みを佐太郎に託している。

傳左衛門の子・忠昭くんは現在十歳。そして傳次郎の子・太一くんは六歳。

「しっかり向き合って、大きい声で、考えて打つ。今の段階でそれ以上のことは言いません」と語る佐太郎。歌舞伎囃子の未来を担う二人の子と、師・佐太郎の稽古場での横顔を追う。

「二歳ごろ、手拍子と声出しから稽古をはじめた忠昭。今は週三回、太鼓、小鼓、大鼓の稽古をしています。小学校に入ったぐらいから父の跡を継ぐという自覚が芽生えたようです。彼は慎重な性格の子。勘が鋭い傳左衛門とはまた違って、地道に着実に芸と向き合っています」

今日は公演を間近に控えた『外記猿(げきざる)』の稽古。佐太郎の拍子に合わせ、「ヨォ」「ホゥ」「イヤァー」と大きな声を出して小鼓を打つ

太一くんは『汐汲』を稽古。
「テレテレ　ステスク」
佐太郎の張り扇を
真剣な眼差しで
追いながら、打つ

「〝太鼓で一番に〟という願いを込めて名付けられた太一。好奇心旺盛で人見知りしない子です。今は元気いっぱい、太鼓のお稽古に励んでいますが、もう少し大きくなったら鼓の稽古をはじめさせたいと思っています」

あーちゃんへ
お稽古は、ちょっと難しいところもあるけど楽しい。
これからもたくさんのことを教えてください。
ぼくもがんばります。

忠昭

あーちゃんへ
いつもお稽古してくれてありがとうございます。
パパといっしょにお舞台に出たいので、
そのためにがんばります。
太一

お稽古のあとは道具の片付け。
父・十一世傳左衛門が
そうであったように、
張り詰めた空気をほどいた
佐太郎がやさしく語りかける。
「舞台では道具を重そうに扱うの。
そうすると
大切に扱っているように
見えるからね」

あとがき

淡交社『なごみ』の連載を一年間お引き受けして、この度一冊の本にまとめていただきました。日頃、次男の傳左衛門から「稽古のこと」「演奏についてのこと」「きもののこと」「時節の決まりごと」等を書き留めてもらいたいと言われておりましたので、連載のお話がありましたときは私のこれまでのことを含め「伝えていく」には良い機会をいただいたと思いました。

私は歌舞伎囃子の家に生まれました。と申しましても私の祖父である十世傳左衛門が九世より流儀を引き継ぎました家柄で父が十一世、そして私が直《じか》には三代目となります。三代目の難しさは父からも常々言われており、「自分の会得《えとく》してきたことを次に伝えてもらいたい。なんとしてもつなげてもらいたい」という父の強い思いを受けながら稽古に励んでまいりました。幾度も山あり谷あり、壁にぶつかるときがありましたが、その折々を振り返ってみますと反省すべき点も多く、必死に伝えようとしていました父に申し訳ないことの連続であったと、今になって思います。

いつも「稽古」を傍《そば》に置くように言われていた私が、息子たちの稽古の時代を経て今は孫たちに稽古をする時代になりました。年寄りに育てられた囃子方にならないよう励んでいる最中でございます。

歌舞伎という男ばかりの世界に身を置き、失敗や嫌な思いや楽しさを経験し、その「伝えていく」役目を担いながら今日がありますのも、六世中村歌右衛門丈の温かい御理解があってこそでございますが、それも丈が父の舞台への揺るぎない姿勢や熱意を信じておられたことが第一にあると思います。

私が歩んでまいりましたなか、人に教えることの道をつくってくださいました世家眞ますみ先生、藤間御宗家、役者と囃子方との隔たりなく楽しく接してくださいました守田勘弥《もりたかんや》丈、そして太鼓の師である柿本豊次先生、いつの時代も助けられてきた思いがあります。

今年、私は古稀を迎えました。この一生における私の役目は表舞台や日の当たる場所に立つことでなく、先人の技や思いを「つないでいく」立場を守ることであると、ずっと意識して歩んでまいりました。

三人の息子たちも各々の思いや悩みをもちながら両親と同じ道を歩いていることと思いますが、彼らが幼いころより主人は舞台人はこうあるべきだという背中を見せ、私は「その時代に、らしく生きる」とか「行儀の良い舞台人でいること」と言い続けてきました。

両親の舞台に対する姿勢と、主人が常に申しております言葉「継ぐをもって家とする」を忘れずに後ろに続く者に伝えていくことと思いますし、願っております。

この連載中、毎回話を引き出していただき書き手になってくださいました氷川まりこさん。連載から書籍化までご尽力くださいました『なごみ』編集部の宮﨑博之氏。そして、若いころから共に父の教えを受けました坂東玉三郎丈に帯文を頂戴しましたこと、心から感謝申し上げます。

二〇一八年　九月

田中佐太郎

2018年5月26日、佐太郎の古稀を祝って集った家族(前列)と歌舞伎囃子田中社中

歌舞伎囃子田中流家元 田中家略系図

西村彌平次
贈 初世傳左衛門

初名 源助
前名 佐太郎
三世 田中傳左衛門
宝暦十一年改名
享和元年没

初名 與市
前名 佐太郎（二世）
四世 田中傳左衛門
寛政十一年襲名
文政六年改 涼至
天保元年没

萬吉
八世杵屋喜三郎養子
九世杵屋吉右衛門

初名 源助
前名 佐太郎（三世）
五世 田中傳左衛門
文政六年襲名
天保十一年没

前名 佐太郎（四世）
六世 田中傳左衛門
天保十三～四年頃襲名
嘉永六年没

前名 佐太郎（五世）
七世 田中傳左衛門
嘉永六年襲名
万延元年没

初名 長吉・源助
前名 佐太郎（六世）
八世
田中傳左衛門
慶応三年襲名
明治初年没

初名 福蔵・源助
前名 佐太郎（七世）
九世
田中傳左衛門
明治初年襲名
明治四十二年没

門弟（養子）
初名 源助
前名 梅扇萬吉・柏扇吉
十世
田中傳左衛門
明治四十四年襲名
昭和十八年改 涼月
昭和三十年没

前名 柏扇吉
二世
田中涼月

前名 佐太郎（八世）
十一世
田中傳左衛門
昭和二十一年襲名
平成九年没

九代目
田中佐太郎
平成十五年
十二世傳左衛門襲名

前名 源助
十三世
田中傳左衛門
平成十六年襲名

七代目
田中傳次郎

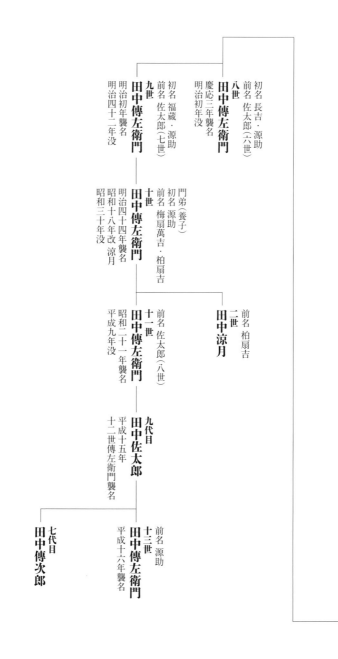

田中佐太郎　関連年譜

昭和二十三年（一九四八）	〇歳	五月二十六日、十一世田中傳左衛門の三女として生まれる。
昭和二十六年（一九五一）	二歳	一月、第四期歌舞伎座が開場。
昭和三十一年（一九五六）	八歳	父のもとで鼓の稽古を始める。
昭和三十八年（一九六三）	十五歳	『橋弁慶』の小鼓で初舞台。
昭和三十九年（一九六四）	十六歳	十月大歌舞伎の六代目中村歌右衛門『京鹿子娘道成寺』の陰囃子で歌舞伎座に初出演。
昭和四十年（一九六五）	十六歳	四月、六代目中村歌右衛門の「莟会」にて、父の弟子の代役（『本朝廿四孝』「道行 似合の女夫丸」での谺の受け）を勤める。
昭和四十一年（一九六六）	十八歳	十一月、国立劇場が開場。
昭和四十二年（一九六七）	十八歳	二月、娘に家元を継がせる決断をした十一世傳左衛門と厳しい稽古に励む佐太郎を追いかけたＮＨＫのドキュメンタリー番組『ある人生　親子鼓』放送。
昭和四十四年（一九六九）	二十歳	四月、能楽師金春流太鼓方・柿本豊次に入門。
	二十一歳	九月、能楽師観世流シテ方・二世観世喜之に入門。
昭和四十五年（一九七〇）	二十一歳	一月、能楽師大倉流小鼓方・鵜沢寿に入門。
	二十二歳	六月、国立劇場で第一期歌舞伎俳優研修生の養成事業が始まり、主任講師の父と

「鳴物」の指導に当たる。

昭和四十六年（一九七一）二十二歳

二月、国立劇場で開催された「邦楽と舞踊の会」（十世田中傳左衛門十七回忌追善）にて、九代目田中佐太郎襲名披露。長唄『翁千歳三番叟』の小鼓、六代目中村歌右衛門の舞踊『舞妓の花宴』・半能『融』の太鼓を勤める。

この頃、後に夫となる能楽師葛野流大鼓方・亀井忠雄に入門。

昭和四十七年（一九七二）二十四歳

八月、父・十一世傳左衛門主催の「古典邦楽の会」第一回公演に出演。

昭和四十九年（一九七四）二十五歳

一月、亀井忠雄と結婚。

二十六歳

長男・広忠の出産を間近に控えるなか、第三回「古典邦楽の会」に出演。父が選んだ難曲『安宅勧進帳』で立鼓を勤める。

十二月、広忠誕生。

昭和五十一年（一九七六）二十七歳

三月、次男・孝之（十三世田中傳左衛門）誕生。

昭和五十二年（一九七七）二十九歳

八月、三男・雄三（七代目田中傳次郎）誕生。

昭和五十三年（一九七八）三十歳

この頃より幼い三兄弟を能楽師観世流シテ方・八世観世銕之亟のもとに稽古へ通わせる。

昭和五十六年（一九八一）三十三歳

十二月、国立劇場の歌舞伎音楽（鳴物）研修生の養成事業が始まり、父と共に指導に当たる。

昭和五十七年（一九八二）三十四歳

九月、「古典邦楽の会」『末広がり』にて、父・十一世傳左衛門、次男・孝之（十三世傳左衛門）と初の三代共演。
十一月、田中流の継承者として子息を鍛える佐太郎を追ったＮＨＫのドキュメンタリー番組『三代の鼓』放送。

昭和五十八年（一九八三）三十五歳
九月、「古典邦楽の会」『西王母』にて、父・十一世傳左衛門、長男・広忠、次男・孝之（十三世傳左衛門）が共演。

平成三年（一九九一）四十三歳
伝統文化賞受賞。

平成四年（一九九二）四十三歳
一月、次男・孝之（十三世傳左衛門）が七代目田中源助を襲名。

四十四歳
七月、夫・亀井忠雄と「囃子の会」を発足させる。

平成六年（一九九四）四十六歳
十一月、三男・雄三が七代目田中傳次郎を襲名。

平成九年（一九九七）四十八歳
三月、父・十一世田中傳左衛門が死去。

四十九歳
十月、三兄弟（亀井広忠、十三世田中傳左衛門、七代目田中傳次郎）が「三響會」を発足させる。

平成十五年（二〇〇三）五十五歳
八月、十二世田中傳左衛門を継承（二週間）。
十月、歌舞伎囃子の伝承・振興の功績が認められ、伝統文化ポーラ賞 奨励賞を受賞。

平成十六年（二〇〇四）五十五歳
歌舞伎座二月大歌舞伎の『茨木』で次男・孝之が十三世田中傳左衛門を襲名。

平成十七年（二〇〇五）五十六歳
一月、佐太郎の家族を追ったＮＨＫスペシャル『鼓の家』放送。

平成二十年（二〇〇八）六十歳
八月、歌舞伎座にて「囃子の会」開催。番外『獅子』で親子五人が初共演。

平成二十一年（二〇〇九）六十一歳
九月、増上寺本殿で開催された第七回「三響會」（十一世田中傳左衛門十三回忌追善）に『若菜摘』で初出演。

平成二十二年（二〇一〇）六十一歳
四月、第四期歌舞伎座閉場。

平成二十四年（二〇一二）六十四歳
十月、重要無形文化財「歌舞伎」音楽の部（鳴物）総合認定保持者に認定。新橋演舞場で開催された第八回「三響會」に四代目市川猿之助の『三番叟』で出演。

平成二十五年（二〇一三）六十四歳
四月、伝統歌舞伎保存会理事に就任。第五期歌舞伎座開場。

平成二十九年（二〇一七）六十八歳
一月、月刊『なごみ』で「田中佐太郎ひとり語り　鼓に生きる」の連載開始（十二月まで）。
二月、歌舞伎囃子の演奏家として、また後継者育成の功績が認められ、日本演劇興行協会より助成金交付表彰を受ける。

六十九歳
十月、重要無形文化財「長唄」総合認定保持者に認定。

教外別傳不立文字

本書は小社刊、月刊『なごみ』連載（二〇一七年一月号～十二月号）をもとに
加筆、写真を増補してまとめたものです。

田中佐太郎　たなか さたろう

一九四八年、歌舞伎囃子田中流十一世家元・田中傳左衛門の三女として生まれる。六四年、九代目田中佐太郎を襲名。現在は国立劇場養成課の講師などとして後進の指導に力を注ぐ。夫は能楽師葛野流大鼓方の亀井忠雄。長男は能楽師葛野流十五世家元・亀井広忠、次男は歌舞伎囃子田中流十三世家元・田中傳左衛門、三男は歌舞伎囃子方・七代目田中傳次郎。

氷川まりこ　ひかわ まりこ

一九六三年生まれ。国学院大学文学部卒業。ＦＭラジオ局の編成制作部を経て、放送作家、雑誌記者として活躍。能を中心に日本の伝統文化をテーマにした企画・取材を多く手掛ける。著書に『梅若六郎 能の新世紀』などがある。

取材協力　三響會

撮影　大屋孝雄（4、29、32、107、145、151、155、170～177、181、188頁）
吉田千秋（43頁）
渞忠之（78、116、164頁）
前島吉裕（143頁）

写真提供　三響會（3、5～11、19、25、39、50、53、59、71、75、87、97、110、168頁）
松竹株式会社（12～13、43、125頁）

ブックデザイン　縄田智子　L'espace

鼓に生きる
歌舞伎囃子方　田中佐太郎

二〇一八年十一月四日　初版発行　二〇一九年十月七日　三版発行

著　者　田中佐太郎
　　　　氷川まりこ
発行者　納屋嘉人
発行所　株式会社　淡交社
　本社　〒六〇三―八五八八　京都市北区堀川通鞍馬口上ル
　　営業　〇七五（四三二）五一五一
　　編集　〇七五（四三二）五一六一
　支社　〒一六二―〇〇六一　東京都新宿区市谷柳町三九―一
　　営業　〇三（五二六九）七九四一
　　編集　〇三（五二六九）一六九一
　www.tankosha.co.jp

印刷・製本　図書印刷株式会社

ISBN978-4-473-04275-0